高校英语教学改革研究与教师发展探索

蒋彩艳　马兆壮◎著

吉林出版集团股份有限公司
全国百佳图书出版单位

图书在版编目（CIP）数据

高校英语教学改革研究与教师发展探索 / 蒋彩艳，马兆壮著 . -- 长春：吉林出版集团股份有限公司，2024.3

ISBN 978-7-5731-4807-0

Ⅰ . ①高… Ⅱ . ①蒋… ②马… Ⅲ . ①英语 – 教学改革 – 研究 – 高等学校②高等学校 – 英语 – 教师 – 师资培养 – 研究 Ⅳ . ① H319.1 ② G645.12

中国国家版本馆 CIP 数据核字 (2024) 第 079762 号

高校英语教学改革研究与教师发展探索

GAOXIAO YINGYU JIAOXUE GAIGE YANJIU YU JIAOSHI FAZHAN TANSUO

著　　者　蒋彩艳　马兆壮
责任编辑　关锡汉
封面设计　李　伟
开　　本　710mm × 1000mm　　1/16
字　　数　201 千
印　　张　12
版　　次　2024 年 7 月第 1 版
印　　次　2024 年 7 月第 1 次印刷
印　　刷　天津和萱印刷有限公司

出　　版　吉林出版集团股份有限公司
发　　行　吉林出版集团股份有限公司
地　　址　吉林省长春市福祉大路 5788 号
邮　　编　130000
电　　话　0431-81629968
邮　　箱　11915286@qq.com
书　　号　ISBN 978-7-5731-4807-0
定　　价　72.00 元

前　言

英语是一门实践性很强的学科，它在加强学生运用语言进行交际的能力，优化学生大脑语言结构，培养学生的创新素质等方面有得天独厚的优势。高校英语教学承担着培养语言扎实的基本功、跨文化技能娴熟、国际视野宽广、专业基础扎实、熟悉国际规范的国际化人才的使命。伴随着经济全球化的快速发展，中国与其他国家的联系也越来越密切。英语在世界舞台上扮演着重复的角色，它对促进世界各国的全面发展，对拉近各国的联系都发挥着重要作用。不可否认的是，改革开放以来，中国的英语教学已经取得了巨大成果，但是为了适应不断发展的社会，英语教学的改革和创新也迫在眉睫。

作为高等学校的教育工作者，高校英语教师承担着英语教学、科学研究以及社会服务三大使命。在教学环境日益复杂化、教学模式日益多元化的当代社会，高校英语教师想要有效提高自身的专业素质、教学能力，真正实现自身的专业发展，将依赖于广大英语教师及其相关研究者的积极探索、归纳和总结。

高校英语教师的专业发展问题是确保各大院校英语教学质量的关键性因素，也是当前高校进行英语课改的必然要求。在这一背景下，高校英语教学改革是必然的趋势。重视高校英语教师的职业发展，使其在教育理念、职业素养、知识储备等方面不断提高，学校和社会只有意识到其职业发展的必要性，并找到最佳切入点，才能为青年英语教师的顺利成长扫清障碍，进而助力高校英语教育取得更大的进展。为了有效提高高校英语的教学水平，培养社会发展急需的英语高素质人才，首先最重要的就是提高高校英语教师的专业素养。因此，要对高校英语教师专业发展的现状有所了解，并在这个前提下探索提升高校青年英语教师专业素养的有效手段，这对于提升我国高校学生英语水平具有极强的现实意义。

本书共分为六个章节，第一章为高校英语教学改革概述，主要就高校英语教学的内涵及现状分析、高校英语教学改革的历程、高校英语教学改革的基本原则、高校英语教学改革的目的与理念这四个方面展开论述；第二章为高校英语教学改革措施，主要围绕高校英语教学设计改革、高校英语教学模式改革、高校英语教学方法改革、高校英语教学评价改革四个方面展开论述；第三章为高校英语教学改革路径探索，依次介绍了高校英语教学改革之翻转课堂、高校英语教学改革之微课、高校英语教学改革之慕课三个方面的内容；第四章为高校英语教师发展概述，依次介绍了高校英语教师发展内涵与发展意识、高校英语教师的知识结构和能力结构、高校英语教师发展面临的机遇与挑战三个方面的内容；第五章为高校英语教师发展实现模式，分为四部分内容，依次是自主发展模式、课程改革模式、信息环境模式和合作制模式；第六章为高校英语教师发展路径探索，主要从反思性教学、教材多维度开发、进阶性英语教师评价三个方面展开论述。

在撰写本书的过程中，笔者得到了许多专家学者的帮助和指导，参考了大量的学术文献，在此表示真诚的感谢。由于作者水平有限，书中难免会有疏漏之处，希望广大同行和读者及时指正。

蒋彩艳

2023 年 2 月

目 录

第一章　高校英语教学改革概述

明确英语的地位对英语教学来说是重要的。本章节内容为高校英语教学改革概述，主要从高校英语教学的内涵及现状分析、高校英语教学改革的历程、高校英语教学改革的基本原则、高校英语教学改革的目的与理念这四个方面展开论述。

第一节　高校英语教学的内涵及现状分析

一、由语言到语言教学

（一）了解语言的基本特征

为了弄清楚语言的特征，了解什么是语言，语言学家、哲学家和心理学家等都做了大量的研究工作，他们从不同的角度对语言的本质和特点进行了描述。概括起来，语言有如下特征。

1. 语言是一个系统

语言是一个系统，并且是一个生成系统，它有着自身的结构。结构是多层面的，第一个层面是音位，第二个层面是音节，第三个层面是语素，第四个层面是词，第五个层面是句子。人们可以凭着对语言规则的掌握形成无限的句子，并可以凭借这些规则判断某些句子是否正确。

2. 语言是一套具有任意性的符号

这些符号是声音符号，但也可能是视觉符号，语言符号所表示的意义是约定俗成的，语言符号和它们所指的事物没有内在的必然联系，这叫作语言的任意性。例如，某种有四条腿、食肉的哺乳动物在汉语中叫作狗，在英语中叫作dog，在法语中叫作 chiens，在德语中叫作 hund，这就是任意性的一例，因为我们无从解释为什么要这样叫。但用什么语言符号去表示意义是一种社会规约，意义的规约性通常会受到社会的不同和文化的不同的影响，因而总是具有人文性这一特点。

3. 语言是一种交际的工具

语言是作为交际工具在社会交际需要中产生的，并在使用中得到发展。人们通过语言的运用而掌握语言，在交际中学会使用语言。

4. 语言在语言社团或语言文化中发生作用

语言和文化有着极为密切的关系，语言是文化产生与发展的基础，文化的发展也促使语言变得更加丰富和精细。从某种意义上来讲，语言可以被看成文化的一部分。

5. 语言为人类所独有

科学家对动物交际的研究表明，虽然一些动物可以以某一种方式或通过一定的手段把有关的信息传给它们的同伴，如，蜜蜂可以通过舞蹈来传播有关蜜源的信息；海豚可以对不同的灯光信号发出不同的信号；猿猴也能学到某些语言符号，但是它们并没有和人类相似的交际系统，它们之间的“交际”不是人类那样的语言“交际”。语言是人类独有的，人类语言有它的神经生理基础、社会基础以及用于抽象思维的特点和用于传递指称对象特殊信息的特点。从这些方面来看，人类语言与动物“语言”是不同的。

6. 所有的人都以大致相同的方式习得语言

语言和语言学具有普遍的特征。如果我们可以把人们描述为聪明、较聪明、不那么聪明等各种类型的话，除了极少数存在生理或心理障碍的个体外，其余个体均能以相似的方式进行学习。儿童的这种学习是通过对外界事物的感知和理解来实现的。孩子们具备学习任何一种语言的能力，只要他们能够与周围使用某一种语言的人接触，并与该语言的环境保持接触，到五六岁时，他们就能够使用该语言进行交流。

（二）关于语言教学的阐述

语言教学是一门涉及语言学、心理学、教育学等的综合性学科。作为应用语言学的重要内容，语言教学在应用语言学、教育学领域备受重视，特别是在应用语言学中占有十分重要的地位。不少学者认为，狭义的应用语言学实际上就是指语言教学。有人认为，狭义的应用语言学特指第二语言教学，也有人认为，在应用语言学的范畴中，狭义的应用语言学指的是语言教学，而外语教学和第二语言教学则是其特指范畴，甚至英国学者科德也将语言教学视为应用语言学的全部内容，并为此进行了专门的探讨。语言教学具有悠久的历史，长期以来一直备受教育学家、语言学家的关注。

1. 语言教学的主要性质

无论要认识什么事情，都要首先了解它的性质或者特点，只有对其性质有清楚的认识，才会清楚地认识该事物。在分析语言教学时，同样如此，我们首先要认识其性质。总体而言，语言教学是指教育者运用特定的方法，把语言知识与相关的理论有目的、有计划地传授给学习者，从而达到使学习者掌握一门具体语言并能将语言应用于交际目的的教学活动，它是教育工作的重要组成部分。我们可以从以下五个方面认识语言教学的性质：

（1）教学目的

从根本上来说，语言教学的目的是使学生学会听、说、读、写和用语言进行交际。语言教学的目标可进一步细分为五个方面，分别是教育目标、学术目标、职业目标、职业工具目标以及其他目标。学生学习语言的目的，实际上也是语言教学所追求的目标。若语言教学偏离其目标，则其应有的意义将不复存在，这一点不容忽视。

（2）教学内容

教学内容的呈现受教学目的的制约，因为不同的教学目的会导致教学内容的多样性。语言教学的授课内容涵盖了语言要素、语用规则、言语技能、言语交际技巧以及相关文化知识，这些方面共同构成了教学的核心内容。为了呈现这五个方面的内容，必须采用言语材料的形式进行展示，并根据学生的程度和交际的需求进行言语材料的筛选和编排。此外，在材料筛选和编排的过程中，必须体现出一种由简单到复杂的语言系统，以确保其系统性。

（3）教学原则

在语言教学中，应根据受众的特点进行内容的选择和编排，正确处理语言与文化、言语要素与语言知识、言语要素传授与技能训练，以及言语交际技能训练之间的关系，同时妥善处理语言形式结构和语义结构的教学关系。在制定语言教学的教学原则时，必须综合考虑语言规律、语言学习规律以及语言教学规律等多方面因素，以确保教学效果的最大化。

（4）教学方法

语言教学的方法比较复杂，对语言教学方法的研究甚至已经成为一个专门的研究领域。以下几点可以用于指导教师、学者对语言教学方法的选择、采用、研究。在选择、编排作为教学内容的言语材料时，要以学生的需要为依据，遵循由易到难、由浅入深的原则，为了方便教师根据学生对知识的接受程度，对相关的言语现象进行分割、排列和组合，这些言语材料必须具备一定的易用性；为了确保教学内容的完整性，必须有系统的规划和重现，以达到新旧交融的目的；在组织课堂活动时应当注意避免重复和遗漏，使之成为一个有机整体，从而提高语言训练的效率。在课堂教学中，应当将一部分时间用于培养学生的言语交际技能，因为不同的言语技能需要采用不同的训练策略；针对不同的教学内容和教学对象，我们将采用多种不同的方法来进行理论讲解。

（5）教学技巧

在语言教学中，教学技巧是一项至关重要的因素。在教学的过程中如何引入新的语言现象、如何书写板书、如何提出问题、如何使学生易于理解以及如何让课堂生动活泼，这些都需要掌握一些教学技巧。同一种语言现象，有的教师一教学生就能学会，而有的教师费很大的精力反复讲解，学生也不明白，这就是因为教师采用的教学技巧不同。

综上可知，语言教学是一种以语言为内容，运用特定方法，有目的、有计划的教学活动。语言教学也是一门独立的学科，具有独立的学科理论体系，有着综合性和边缘性的特点，这是因为它不仅仅局限于语言教学活动的全过程和各个具体环节本身，而且也是一门研究语言教学活动的理论、原则和方法的科学学科，即语言教学研究。在这门学科中，语言本体的研究虽然是必需的，但不是唯一的。作为一项教育活动，语言教学必然需要教育学、语言习得和语言认知理论、学科教学论、教育技术学等的理论支持。另外，第二语言教学还需要语言对比、文化比较、心理学等学科的知识。因此，语言教学对教学工作者和研究人员都提出了比较高的要求。①

2. 语言教学的主要目标

顾名思义，语言教学的目标就是语言教学的方向。教学目标的确定反映人们对语言教学本质特性的认识，与人们当时的认识水平密切相关。教学目标是

① 王云燕．英语语言与教学研究［M］．北京：中国农业出版社，2010.

总体设计中的首要问题。教学目标一经确定，将决定教学内容、课程设置、教学原则、教学过程、教学方法直到测试评估等一系列问题。

语言教学的目标是让一个人掌握一门语言，是让学习者能够从听、说、读、写各个方面掌握一种语言的知识内容，且具备得体而有效的使用该语言的能力。这就是在语言教学中通常强调的语言能力和交际能力。

语言学习的具体目的可以不同，如第二语言学习可以有受教育目的、学术目的、职业目的、职业工具目的和其他目的等。学生的学习目的也就是教学目的。但是，语言教学从根本上来说都是为了使学生学会听、说、读、写并能够运用语言进行交际。不管是第一语言教学还是第二语言教学，都不可违背这种目的。

从传统意义上来讲，一个人只要学会了某种语言全部的语言要素知识，即语音、语义、语法、语篇衔接乃至书面语交际所必需的文字等知识，就得到了使用该语言顺利进行交际的通行证。因此，传统的语言教学多停留在语言本体知识的教授上，以语言能力的培养为终极目标，直到结构主义语言学和转换生成语言学也还在强调把语言的基本要素作为语言学习的核心内容。但是，随着语言教学的逐渐发展，尤其随着第二语言教学的不断发展，人们对语言教学的目标提出了质疑。事实证明，即使学习者完全掌握了一种语言所有的组成规则，即语音、语义、语法，包括文字方面的语言要素知识，仍然无法达到像以该语言为第一语言的社团成员对这种语言的使用程度。其主要原因就是，一个人要想真正掌握一门语言，除了要具备该语言的能力以外，还必须具备交际能力。

总之，我们要将语言教学的目标确定为培养和提高学习者的语言能力和交际能力。就语言教学研究而言，传统观念认为，语言教学所涉及的三个方面包括教学内容的选择、教学方法的选择以及学生的学习过程。随着科学技术手段在语言教学过程中的有效应用，现代教育技术已经成为语言教学不可或缺的一部分，所以现代语言教学研究必须聚焦于采用何种技术手段来进行教学。因此，教什么、怎样教、如何学、运用怎样的现代教育技术才是语言教学研究的四个目标。

二、英语作为第二语言教学

（一）明确教与学之间的关系

在学习过程中，我们会对某些事物特别注意，尽量去了解，并作出反应和行动；我们会把有关的信息想方设法记忆下来储存在大脑之中。这样一来，我们的认知结构也会随之发生变化，我们为了保持有关的知识和信息，还会进行不同形式的操练。作为学习的结果，行为的变化和知识、技能的获得都表现得很具体。

我们不能离开学习去讨论教授。教授的职责在于引导和推动学习，使其变得更加容易，为学习的顺利进行创造有利条件并提供各种支持，最终实现促使学习者掌握相关知识和技能的目标。因此，教育的本质在于与学生的互动，语言学习的基本原理直接塑造了语言教学理论的构建，同时也对教学方法的运用产生了深远的影响。从这个意义上来说，语言学习理论和语言理论一样都对教学方法产生直接的影响。

（二）母语、第二语言和外语的学习环境

英语在不同的国家起着不同的作用。尽管英语在母语为英语的国家中被广泛使用，但在不同的地域和国家，其发音却呈现多样性。除此之外，还有词汇和语法上的区别。如果把这些有地理特点的英语称为英语的方言，英语方言的差别就没有汉语方言之间的差别那么大。

尽管在某些国家或地区，英语并非母语，但它却扮演着官方语言的角色。在这些国家和地区，英语起着第一语言的作用。在南非、印度、新加坡、尼日利亚等国家，英语是第二语言。对于那些到英国、美国等讲英语的国家定居的移民来说，英语也是他们的第二语言。

在许多国家，英语并非母语或第二语言，但作为一种外语仍有独特之处。英语在很多国家都是一种通用语言，并且已经成为人们日常生活中不可或缺的部分。在这些国家中，英语被纳入学校的课程体系之中，作为高一级学府入学考试的一门学科。因此，在一些发达国家，英语教学和学习都被当作一种文化

知识来传授。英语虽然在很多国家中只以外语的地位存在，但由于国际上不少会议是以英语为主要语言来进行的，世界上不少书籍杂志是以英语为主要文字发表的，因此在这些国家里也有不少人在努力地学习英语。学好英语和掌握好英语有利于他们与外界沟通，从外部世界获取各方面的信息。

明确英语的地位对英语教学来说是重要的。在我们的英语教学中，最好先教授某一种英语的发音，并以此为基础对其他方言的发音进行描述。这样能使学习者更好地掌握英语的发音，懂得英语发音的特点，在日常与英国、美国、澳大利亚等国人士接触时能明白对方的语言，进而成功地进行交际。此外，我们必须认识到，在我国，英语作为一种外语，其教学环境与母语和第二语言的教学环境存在着显著的差异。除了在课堂中接触英语，其他场合接触英语的机会相对较少，这对于学习英语的学生来说是一个挑战。因此，要想学好英语必须有良好的学习条件，而这一切都离不开一个好的英语教师。从我们对母语学习的经验中可以得出结论，语言环境对于英语学习具有至关重要的作用，因此教师应该为英语教学创造更加优越的环境，为学生提供更多的语言输入，以帮助他们更快、更好地掌握英语。

（三）英语教学的内涵

英语教学存在于中国基础教育与高等教育之中。从教师与学生的不同角度来看，教学的定位是不同的。对于教师来说，教学是对学生的学习行为进行指导的互动，而对于学生来说，教学是对学生学习行为进行引导的过程。教学是一项双向互动的过程，包括教师教与学生学两大过程，只有教师与学生共同努力才能实现英语教学的有效性。下面将具体分析一下英语教学的内涵，主要有以下三点。

1. 英语教学活动的开展具有一定的目的性

英语教学的不同阶段有着不同的目标，目标不同，层次也存在差异。

2. 英语教学具有系统性与计划性

系统性是从管理角度体现出来的，英语教学有完善的管理系统，包括各种教育行政机构、学校管理者等。计划性是从英语基础教学的内容体现出来的，英语基础教学内容主要有英语语音、词汇以及语法教学等，这些内容的传递需要教师作出详细的规划。

3. 英语教学的实施还需要合理教学方法与教育技术的配合

英语教学发展过程中出现了很多教学方法，这些教学方法在英语教学实践中起指导作用。科学技术不断发展，尤其信息技术的发展，为英语教学的发展提供了新的机遇。

总而言之，本书认为英语教学的内涵可以概括为：英语教学就是一种教育活动，教师在这个过程中需要发挥作用，制定教学目标与内容，同时借助一些教育技术把英语基础知识传递给学生。

第二节　高校英语教学改革的历程

现代英语教学大体分为四个阶段：第一阶段是 1949 年至 1985 年的起步与摸索阶段，这一阶段的主要特点是高校英语教学的教科书、教学方法、教学要求等内容均尚不明确；第二阶段是 1985 年至 1999 年的规范与发展阶段，这一阶段的主要特点是高校英语教学在原国家教委的统领下，走向规范、秩序发展，制定并实施了全国统一的教学大纲，编写了高质量的教科书，探索了新的教学方法；第三阶段是 1999 年至 2002 年的调整与改革阶段，这一阶段的主要特点是高校英语教学为了适应学生日益提高的英语水平和社会需求，探索新的教学目标、教学任务；第四阶段是 2002 年到至今的提高与深化阶段，这一阶段的主要特点是高校英语教学走向多元化、自主化的发展模式。

下面我们就每个阶段进行详细的介绍与总结，以展示中国现当代高校英语教学的发展与改革过程[①]：

一、高校英语教学的起步与探索阶段

1949 年中华人民共和国成立后，我国当时的高等外语教学主要工作中心在俄语教学上。到 1952 年院系调整时，全国仅剩北京大学、南京大学、复旦大学、武汉大学等八所院校开设英语系。一直到 1956 年制定第二个五年规划时，中央才发现 1952 年的院系调整过度减少了英语教学的覆盖率，其结果不利于吸收发达国家的科学技术和发展同其他发达国家的友谊，于是同年颁布草案决定扩大英语教学的覆盖率。高中英语课教学面扩大、高等院校（特别是综合院校和师范院校）英语专业陆续恢复和增设，高校英语教学秩序也得到恢复。同年，上海交通大学凌渭民教授编写的供理工科学生使用的英语教科书《英语》也获得出版。

1978 年改革开放政策的实施，英语受到了越来越多的重视，高校英语教学工作步入正轨，并于 1980 年制定了第一个统一的高等院校教学大纲——《高等学校理工科公共英语教学大纲》。该大纲“首次以政府文件的形式确定了英语在高校教育中的地位，结束了公共英语教学各自为营的无组织状态，提出了国家

① 钱满秋，现阶段大学英语教学改革研究 [M]. 北京：北京理工大学出版社，2017.

对高校公共英语课教学的统一要求”。该大纲在实施过程中遇到了诸多困难，且教学对象仅限于理工科本科生，于是原国家教委于 1985 年和 1986 年又先后颁布了文理工科分别使用《高校英语教学大纲》，进一步规范高校英语教学。自此，我国的高校英语教学进入了一个有文件指导和约束的稳步发展时期。

二、高校英语教学的规范与发展阶段

统一的教学大纲（特别是 1986 年颁布的《高校英语教学文理科大纲》）公布以后，我国高校英语教学有了明确的奋斗目标，开始走上了有纲可依的规范化发展道路。以教学大纲为依据，陆续出现了《高校英语》（文理科本科用，1986 年上海外语教育出版社出版）、《新英语教程》（1987 年清华大学出版社出版）、《大学核心英语》（1987 年高等教育出版社出版）等符合我国英语教学实际的教科书，并在实践中不断改编、修订，逐步受到了国内高校教师及学生的青睐，成为我国此阶段英语发展的主要教科书[①]。

为了检测高等院校学生对英语基本技能的掌握情况，原国家教委于 1987 年开始实施全国高校英语考试（College English Test，后简称 CET）。该考试分为两个等级，达到一般要求的为四级（CET4），达到较高要求的为六级（CET6）。作为一种大规模、标准化测试，CET 不仅是对我国高校英语教学成果的一种检验，更对我国高校英语教学具有指导作用。通过标准化测试，教师不仅可以了解院校之间、院系之间、学生之间的不同情形，从而分类指导，还可以了解学生对英语的掌握情况，以便为英语教学与大纲的制定提供参考。事实证明，高校英语四、六级考试不仅对高校英语教学有着深远的影响，在社会上也很受重视，被用人单位作为衡量大学毕业生素质的一个主要指标，得到了社会的普遍认同。从这些方面来说，高校英语四、六级考试的设立是非常成功的。受教学秩序的稳定、师资水平的稳步提高和英语教学的稳定发展等因素的影响，高等学校新生的英语水平较 1985 年和 1986 年教学大纲制定初期有了明显的提高。随着改革开放的深入，社会对大学毕业生英语能力的需求量也有了提高。

① 杜璇．文学素养与大学英语教学 [M]．长春：吉林美术出版社，2018.

三、高校英语教学的调整与改革阶段

原国家教委高教司从1996年5月起，在广泛的、多层次的社会需求调查的基础上，吸取了专家、学者、一线教师的意见后，于1999年将原来的理工科教学大纲、文理科教学大纲合二为一，制定了统一的《高校英语教学大纲》（修订本），这是“教学大纲的一大进步”。1999年颁布的修订本教学大纲强调学生的交际能力，并在继续强调阅读能力的同时，注重听、说、读、写、译的全面发展。在修订本教学大纲的指导下，一批全新的、理念先进的、体系完整的教科书逐步出版发行，比较具有代表性的是复旦大学和上海交通大学联合编写的《21世纪高校英语》、浙江大学编写的《新编高校英语》、上海外语教育出版社出版的《高校英语》（全新版）和外语教学与研究出版社出版的《新视野高校英语》。这些教科书内容新颖、设计合理、时代感强、配套练习详尽，并配有多媒体课件及自学辅导书，受到了高校英语教师和学生的广泛好评。

与此同时，为了适应时代的发展需求，高校英语四、六级考试自1999年5月起开始加入口语测试，以期全面提高学生的英语运用能力。口语考试的推行，使四、六级考试进入一个相对完善的新阶段。四、六级考试可以对学生的听、说、读、写、译等各项技能进行全面的鉴定，这在很大程度上推动了高校英语教学改革的进行。

需要指出的是，1999年制定的针对全体非英语专业本科生的《高校英语教学大纲》（修订本），虽然认识到了听、说、写的重要性，但仍将阅读放在英语教学的第一位，“只看到了被动输入，没有看到主动输出的巨大作用”。陈国华甚至指出：“长期以来，我国的英语教育费时低效，一个重要原因就是重阅读而轻其他。”他还认为这是大纲落后于时代的“一个主要表现”。而且，这份教学大纲“受应试教学的影响，忽视听、说能力的培养，即使安排听、说课也是以备考为目的的听力训练，结果养成了学生打勾画线、猜答案的思维习惯，这极不利于培养学生在真实环境下的口头交际能力”。这也是为什么在新大纲颁布后的第三个年头（即2002年），教育部就果断决定启动新一轮高校英语教学改革。

四、高校英语教学的提高与深化阶段

随着互联网技术的逐步发展，互联网对各行各业的影响也在不断加深，互联网时代下，教育教学也发生了诸多的变化。

随着社会经济的逐步发展，人才需求的不断增加，在教育教学体系中，高校英语教育备受关注，尤其是互联网时代下高校英语教学、高校学生英语核心素养的培育更是引发了诸多的讨论与热议，成为高校英语教学面临的改革背景之一、高校学生培育中不可或缺的素养之一。

在教育改革的背景下，互联网时代下的高校英语课堂成为诸多教师希望打造与创设的教学体系。在互联网时代下高校英语教学中，英语核心素养的培育也成为诸多研究人员重点探索的内容。

教育部对普通课程标准修订在 2017 年顺利完成，此次课程标准以学科核心素养理念体系制定，在 2018 年秋季正式实行。此次修订进一步明确了普通教育的定位，着力发展核心素养，提高学生的综合素质，具有一定的科学文化素养与终身学习能力，以培养学生的自主发展能力和沟通合作能力。

由此可见“核心素养”已经成为未来中国教育发展的引领，在帮助学生适应未来社会发展的需求中起着至关重要的作用。在教育体系中，核心素养的发展，最终是要培养完整的人，通过一定的课程来培养学生所应具备的核心素质。

在互联网时代下的高校英语课堂中，如何培育学生的英语核心素养具有重要的意义，其主要包含了两个方面：一个方面是将学生的核心素养的培育进一步转化为一种实实在在的行动，逐步渗透到具体的英语教学中，逐步转变为具体的教学实践过程；另一方面，是进一步将学生的核心素养的培育过程逐步转化到具体的学科教育中，以此来进一步促进学生学科教育的逐步发展，以学科实践过程逐步引导学生核心素养的培育过程，逐步探索有效的教学策略。

中国的教育已经步入核心素养时代，在此背景下探索互联网时代下的高校英语课堂具有重要的意义，具体包括：第一，有助于进一步探析“双基”下的素质教育；第二，有助于进一步探析“三维目标”下的素质教育；第三，有助于进一步探析素质教育下的英语教育；第四，有助于进一步探析核心素养下的英语教育；第五，有助于进一步探析英语教育的发展与前进方向。

在目前的教育体系中，随着物质需求的逐步满足，精神需求不断提升，学生的核心素养要求也逐步受到多方的重视。对于学校而言，英语课堂教学本身就是逐步培养学生英语核心素养的重要方式，也是引导学生逐步探索学习方式、提升实践能力、培养自身英语思维与逻辑能力的重要途径。互联网时代下的高校英语课堂正是深入贯彻国家教育政策要求逐步凸显学生学习主体性的重要方式。

时至今日，核心素养已成为各个学科教育的研究热点。近年来，新一轮的教育课程改革已蓄势待发。然而，如以往的改革一样，教育理念的变革要落实到具体的教学实践并非易事，新事物与旧事物之间需要时间去调整和磨合。同时，在互联网时代下，高校英语课堂教学的实施依然存在着一些不足之处。因此，如何使课程教学与时俱进，如何进一步打造互联网时代下的高校英语课堂，如何促进高校英语核心素养的创新培养，如何通过提升课程教学的有效性来实现对学生英语学习能力、英语核心素养的培养，是每一位英语教师都需要思索的问题。

第三节　高校英语教学改革的基本原则

一、从英语教学基本思路谈起

为了适应当今时代的需求，我国必须认真研究和深入改革英语教育，这对于全面推进素质教育、实现教育现代化、面向全球、迎接未来的挑战具有极其重要的意义。因此，在21世纪的英语教学中，必须引入以下的新思想和新理念。

第一，教师应当致力于提升自身的综合素养水平。英语教师应该不断学习各种教育理论，特别是心理学方面的知识，同时阅读相关的英语教学杂志和报刊，以提高自己的教学理论水平。英语教师应该在自我学习的基础上，积极参与再教育学习和接受再培训，以不断提升专业水平来更新知识和教育理念，而不是仅仅传授知识，应该为学生提供更多的学习方法。教师应该持续改进自己的口音、语调、口语能力、教学技能以及现代化的外语教学技术，同时还可以去外面的学校观摩学习名师的教学方法和技巧，以便更加灵活地运用教学资源，发挥学生的主体作用。教师应该积极参与教研教改活动，不断听取、评价同事的课堂教学，组织集体备课、课堂教学专题研究、优质课评比等活动，以相互学习、共同提高的方式促进自己的教学工作，并不断提升自己的教学教研水平。英语教师应该充分发挥自己的创造力，利用自己的智慧和资源，创造出更多的教学工具和情境，以弥补外语教学设备和辅助教材的不足。

第二，英语教师应当以培养学生的综合素养为核心，倡导以人为本的英语教学模式。人性化教学是指教师把学生视为自己教育活动中的对象，尊重他们的个性和需求，使之获得充分的发展，从而促进其身心和谐成长的教学活动。它注重对学生进行人格健全、全面发展的培养，强调尊重学生个体差异，使每个学生都能得到充分的发展，从而促进整个社会和国家的进步与发展。随着全球范围内知识经济的崛起，人性化教育已成为一股不可阻挡的全球教育潮流，其核心理念是培养学生的主体意识和独立人格，这已成为现代国际教育思想变革的重要标志，任何成功的教育都必须充分考虑学习主体的个性特征。

第三，教师应当采用多种不同的教学方式和工具，创新网络环境下的英语教学模式。随着现代社会信息传播渠道的日益繁荣，学生获取知识的途径也日益多元化。为了实现素质教育的目标，教师应该通过多种教学形式，将学生的学习能力培养贯穿于整个教学过程。为了激发学生的学习热情，教师应当积极探索并应用多种形式、效果显著的教学方法和手段。作为文化的载体和主要表现形式，语言与文化相互依存，而英语教学作为一种语言教学，也与文化教育密不可分。由于英语词汇在长期的使用中积累了丰富的文化内涵，所以教师在教学过程中应当注重展示和介绍英语词汇的文化内涵和文化背景，以避免学生从词汇本身进行主观而片面的认知和评价，从而避免望文生义。作为一名英语教师，必须不断更新教育教学理念，紧跟时代潮流，以教育教学实践为基础，持续学习和探索，积极融入素质教育的伟大实践中，融入新的课程体系，拥有全新的思维方式，迎接前所未有的挑战。

二、高校英语教学改革原则

（一）以学生为中心原则

在高校英语教学中，以学生为中心是首要的原则。具体来说，以学生为中心就是教师所有的教学活动都应当以学生的学习为前提，时刻关注学生的学习情况，所有的学习任务紧紧围绕学生来安排。要做到这一点，教师首先应当充分了解学生的学习需求与心理状态，在此基础上合理安排教学计划，选择科学的教学方法，以满足学生的学习需求。具体来说，以学生为中心要求教师做到以下三点：

1. 教材分析要以学生为中心

教师在分析教材时，应当对教学内容进行充分的理解与把握，并根据学生的实际学习情况对教学目标及教学任务进行合理的调整；同时，教师应当在把握学生实际需求的基础上，对教材的内容与活动进行各种有效的处理，以使教材真正与学生的学习需求相结合，从而更好地为教学活动服务。

2. 教学方法和手段的选择要以学生为中心

教师在开展英语教学活动时，应当重视教学方法和手段的选择，紧紧围绕学生这个中心来选取。一般来说，直观教学法能够使学生对语言形成直接的感受与理解，进而有效地激发学生的兴趣，对于学生记忆的强化作用是非常明显的。形象化教学法则可以使学生的直觉思维得到很好的调动。在实际教学中，教师可以借助多媒体来达到满足学生好奇心的效果，使学生积极参与课堂教学。

3. 教学活动的设计与组织要以学生为中心

在设计与准备教学活动时，教师应当首先对学生的特点、知识掌握情况、学习兴趣等方面进行充分的了解与把握，这样才能使教学活动适合学生的学习特点，满足学生的多元化学习需求，进而促进教学目标的顺利达成。

（二）输入优先原则

在高校英语教学中，应当遵循输入优先的原则。输入与输出，是指学生通过听与读的方式来接触英语语言，获得英语知识，并且通过说与写的形式将语言表达出来。通常来说，学生所输入的语言量越大、质量越好，最终输出的内容也就越好。所以说，英语的输入是输出的前提与基础。

这一原则是在埃利斯（R.Ellis）《理解第二语言习得》一书中所提出的外语学习语言输入特点的基础上进行的概括与总结。

一是可理解性。这里所说的可理解性指的是对于所输入的语言材料的理解。二是趣味性与恰当性。这一特点要求学习者在对语言材料进行输入的同时产生兴趣。三是要保证足够的输入量。

在高校英语教学中，教师要坚持输入优先的原则，应当重点关注以下四点内容：

第一，在输入内容与形式方面要注重多样化。内容可以来自各种材料，形式可以是文字、图像，也可以是音频、视频等。

第二，教师要综合运用多种手段，为学生提供更多的接触英语的机会，不断增加学生的可理解语言的输入。与此同时，教师还应当突破课堂教学的限制，引导学生在课外时间通过多种形式开展英语的学习，从而扩大学生的英语学习范围，增加语言输入，进而促进英语能力的提升。

第三，重视学生理解能力的培养。在为学生提供英语学习材料时，应当充分考虑学生的实际学习需求，并且注重学习内容与形式的可理解性与趣味性。对学生输入的英语材料应当与学生自身的学习水平相一致，重视学生对输入材料的理解，而对于学生的输出情况则不必做过多的要求。从教学方法的角度来说，这也是一种坚持输入优先原则的表现。但是，需要注意的是，单纯依靠语言输入很难从根本上促进学生英语综合能力的提升，除此之外，说英语与写英语也是非常重要的。

第四，鼓励学生进行语言模仿。需要强调模仿的有效性，重在对生活中的真实情境进行模仿，并且应当对语言结构所表达的具体内容给予更多的关注。也就是说，让学生进行语言模仿的最好方式就是鼓励学生在具体的情境中对所模仿的语言进行使用。

（三）灵活多样原则

1. 灵活多样的课程设置

实际上，高校英语教学仅仅依靠必修课的形式来开展是远远不够的，除此之外，还应当以选修课为辅助，在课程的设置上注重灵活性与多样性，这样才能充分满足学生的个性化需求，进而促进学生英语综合能力的提升。

因此，在高校英语教学中应该开设多种形式的选修课，如英美文学选读、英美社会与文化等，这些选修课应当在所有的年级都开设。在教学模式上，主要采用任务型教学，通过多元化的手段使学生更多地了解英语国家的文化背景知识。在选修课上，要给予学生充分的自主权，让学生根据自身的兴趣与需求加以选择。

开设形式多样的英语选修课对于学生来说是一种非常好的提升英语能力的方式。同必修课相比，选修课更具有趣味性、实践性与探索性。因此，更能够激发学生的学习兴趣。必修课与选修课相辅相成，缺一不可，共同促进学生英语综合能力与英语教学水平的提升。

2. 灵活多样的教学模式

随着信息技术的飞速发展，多媒体辅助教学已经成为高校英语教学的一种重要形式。在多媒体的辅助下，英语教学实现了传统的课堂教学与网络教学的有机结合，这是对英语个性化教学模式的一种崭新的探索。多媒体的辅助，不仅极大程度上使英语教学突破了时间与空间的限制，使教学内容与教学形式呈现多元化发展的趋势，而且，教师也可以利用多媒体针对学生的实际需求制订有针对性的教学计划，并为学生提供丰富的教学资源，使学生沉浸在一种多维的英语教学环境之中，从而充分融入英语教学活动之中，发挥自身的主观能动性，不断促进英语学习水平的提升。

在英语多媒体教学模式中，学生的角色较以往发生了很大的改变。在整个教学过程中，学生自主地对学习任务进行设计，并积极参与学习活动，与他人进行合作学习，最后对自己的学习情况作出评价。教师则主要是对学生进行指导与帮助，教会学生有效的学习方法，培养学生自主学习的能力，从而使学生的自主性与创造性得到充分的发挥。事实证明，这种崭新的教学模式有效地培养了学生的主动学习能力、英语综合能力，并促进了学生创新意识的形成，使学生的学习个性得到了充分的展现。

3. 灵活多样的课堂活动

在高校英语教学中，课堂交互活动的影响力是不容忽视的。因此，教师应当重视为学生创设灵活多样的课堂活动。在创设活动时，教师要充分考虑学生的学习特点与学习水平，力图使课堂活动最大限度地满足学生的多样化需求。英语课堂教学具有非常强的实践性，学生所掌握的英语最终应用于实践之中。教师应在重视学生课堂听课的同时，为学生创设灵活多样的课堂活动，强化课堂实践。

英语课堂活动的形式不拘一格，可以是大班活动，也可以是小组活动。学生通过参与活动，使自己已经输入的英语知识在课堂活动中得到输出，从而将语言的输入与输出有机地统一起来，进而促进学生英语应用能力的提升。多样化课堂活动的创设不仅将英语教学的各个部分有机地结合起来，使学生更快、更好地掌握英语知识和技能，还能够在很大程度上促进学生思维的发展，培养学生的创新意识与自主学习能力。

4. 灵活多样的评价方式

在高校英语教学中，对学生进行评价时也应当重视评价方式的灵活多样。具体来说，应当将学生对于语言知识与技能的实际应用情况作为评价的重点，既重视对学生学习过程的评价，又重视对学生学习成果的评价，使形成性评价与终结性评价有机地统一起来。在评价过程中，不应仅以教师的评价为唯一标准，还应关注小组评价、他人评价以及学生的自我评价，构建一个开放、多维度的评价框架。在这种情况下，教师要根据不同层次和水平的学生来选择相应的评价方式，并对他们进行个性化的引导与激励，从而让每个学生都能得到充分的发展。通过采用这种评价方式，可以为学生营造一种宽松、民主的学习环境，从而有效地提高学生的学习能力。

在英语学习的考核方面，教师也应当重视多样化方法的运用。除了采用传统的笔试与闭卷考试外，还要结合面试以及开卷考试，对学生的知识掌握情况进行全面了解。由于英语是一门语言学科，所以相对而言，采用面试考核的形式是一种非常好的方法，在实际操作中，应根据实际情况进行灵活的变通，可以让学生自己陈述，也可以两人为一组进行对话，还可以采用多人对话的形式。总而言之，在考核形式的应用上，教师要根据具体的情况进行灵活的选择。

除此之外，教师在进行命题的时候，仍然要注意灵活多样。通常来说，在题型的设置上要全面一些，考核的内容应当覆盖所学的知识点，并且侧重于主观题的考核，目的就在于为学生提供更多的展现自己的机会，使学生的思维得到充分的发散。

综上所述，灵活多样的原则对于英语教学来说具有非常重要的意义，在教学中坚持这一原则不仅能够有效地提升英语教师的教学水平，还能够培养学生的综合学习能力。因此，英语教师对于这一原则应该给予足够的重视。

（四）交际性原则

英语是一门实践性较强的工具性学科，其教学的根本目标就是培养学生运用英语进行交际的能力，所以，高校英语教学的开展应当遵循交际性原则。通常来说，在高校英语教学中，教师应当重视以下两个方面：

1. 重视英语教学的交际工具作用

英语是一种进行语言交际的重要工具，教师在英语教学中应当重视其作为交际工具的作用。从根本上来说，英语教学就是要使学生了解并且掌握英语这种交际工具。具体来分析的话，在英语教学中，教师应当将交际性作为教学目的，学生也应当将交际性作为学习目的。在课堂上，教学活动应当重视对学生的英语进行反复训练，以促进学生英语交际能力的提升。

在高校英语教学中，教师应当积极为学生创造使用英语进行交流的机会。具体来说，教师可以运用各种教学辅助工具，创设一定的英语情境，使学生融入情境之中，用英语进行交际。这不仅能够激发学生的参与兴趣，也能够有效地提升学生的语言应用能力。

2. 重视语言教学的生活性

从根本上来说，高校英语教学最终是为学生的生活而服务的，所以，教学中应当对学生的生活性给予足够的关注。具体来说，教师在教学过程中，可以选择一些学生日常生活中比较感兴趣的内容同教学内容结合在一起，吸引学生的注意力，从而激发学生参与英语学习的兴趣，促进学生英语水平的提升。

（五）真实性原则

所谓真实性原则，是指高校英语教学应当体现出英语真实的使用环境。这一原则要求英语教师在对教学内容进行设计的时候，充分考虑英语国家的社会文化与交际情境，以使学生获得更多的使用英语的真实环境。

具体来说，在教学中，教师将对学生的英语综合能力培养作为总体的目标，运用任务教学法与交际教学法开展各种教学活动，为学生创造各种使用英语的交际情境，促进学生英语能力的提升。在教学中，教师通常需要注意以下四点：

1. 把握真实语言运用目的

语言交际总是伴随着一定的目的来进行的，要从根本上提升学生的参与性，提升学生的语言运用意识与能力，最根本的是要把握真实的语言运用目的。

2. 采用语言运用真实的教学内容

语言教学同其他学科相比，具有自身的特殊性，英语教学自然也是如此。因此，在英语教学中，教师应当重视采用真实的教学内容。除了要对教材的内容进行充分讲解外，教师还要选取一些相关的语言材料加以讲解。真实的教学材料能够使学生接触真实的语言，了解英语国家真实的交际话语场景和文化背景。

教师在教学前需要搜集和整理真实的教学内容，分析语言应用的语境与内涵，从而保证教学可以有效提高学生的语言运用能力。

3. 设计或组织语言运用真实的课堂教学活动

教学活动是保证教学效果的重要因素，同时也是语言运用的重要手段。真实的课堂教学活动需要体现语言应用的目标，培养与提高学生的语言运用能力。

教师在真实的课堂教学活动中发挥着重要的指导作用，需要对学生进行积极的引导，使学生明白语言的真实语境与言外之意。

4. 设计语言运用真实的教学检测评估方案

教学评估是教学整体链条中的重要一环，对教师的教和学生的学都有重要的反馈作用。设计语言运用真实的教学检测评估方案，能够使教师发现学生学习中的不足，从而及时调整教学任务。

由于语言运用真实会引导学生更加重视语言学习的应用性，利于学生英语运用自我意识的提高。因此，在进行教学检测评估设计时，教师要注重语言运用能力检测的相关内容。

第四节　高校英语教学改革的目的与理念

一、了解高校英语教学改革的背景

在谈及高校英语教学改革的目的或理念之前，首先要了解改革的背景。高校英语教学从中华人民共和国成立后经历了多个时期。在近几十年的发展中，高校英语教学取得了诸多成果，同时也暴露出了一些问题。因此，我们可以将社会的发展和高校英语教学本身存在的问题看作高校英语教学改革的动力。

社会的发展是高校英语教学改革的重要推动力。随着全球经济一体化程度的加深，世界范围内的经济合作和文化交流日益频繁，深度也在不断加深，社会对高质量的跨文化交流人才的需求不断增加。但是，在当前高校英语教学下的高校毕业生的英语能力还远远不能满足社会的需求。

二、高校英语教学改革目的探析

在了解了高校英语教学改革的背景后，我们就要思考这样一个问题：高校英语教学改革的目的何在？人们对教学改革的必要性达成共识，之后便会涉及教学改革的目的问题，下面就对高校英语教学改革的目的进行分析：

《国家中长期教育改革和发展规划纲要》中指出：中国高等教育的人才培养目标是“培养具有国际视野、通晓国际规则，能够参与国际事务与国际竞争的国际化人才”。因此，高校英语教学改革的首要目的就是要提高高等教育人才的培养质量，将中国的高等教育国际化。所谓的“国际化”是指课程的国际化、师资的国际化和学生的国际化。这一目标的提出与我国的国情密切相关。随着经济的全球化，教育的国际化步伐在逐渐加快，我国正致力于建设人力资源强国，在如此关键的转型时期，更需要教育提供强有力的推动力。

高校英语教学改革的目的是为大学生的个体发展服务。如今社会对高素质的具有创新能力的国际化人才的需求剧增，英语能力已成为学生综合能力的重要组成部分。

只有坚持高校英语教学改革，才能不断适应社会发展的需要和学生个体发展的需要。此外，赵光慧和张杰在《高校英语教学改革：个性化、学科化、中国化》一文中从不同的角度对高校英语教学改革的目的进行了详细的分析。他们指出，当前中国高校的英语教学改革首要目的便是实现“个性化”教学，避免“趋同化”。充分发挥高校英语教学的引领作用，最终实现社会交往中的“学科化”。此外，高校英语教学只有立足“中国化”，才能实现“国际化”。

（一）个性化

要通过高校英语教学改革实现“个性化”教学，首先应克服的最大障碍便是“趋同化”。“趋同化”大致表现在以下两个方面：

首先，教育行政部门是统一的“社会行动主体”。在当今的高校英语教学中，不论是教学方案的制定，教学管理或评价制度的构建，还是教师队伍的培养，教学材料的编写或教学手段的开发等，都是在教育行政部门的统一指挥和监控下进行的，这便是“趋同化”的表现之一。

其次，统一化的教学管理。几乎所有的普通高校都是在教育部制定的统一的培养方案、管理制度和评价体系下进行英语教学，所使用的高校英语教材也不外乎上海外语教育出版社、外语教学与研究出版社、高等教育出版社及其他几所出版社出版的教材，并没有因为学校的差别和学生层次的不同而选用“个性化”教材。

“趋同化”教学体制的出现与国家的计划教育体制有着某种程度上的联系，其主要的教学核心是“教”而不是“学”。

“个性化”教学要求有灵活变化的“动态”培养方案，即教学方案可以根据不同的学生、学生的不同表现随时进行调整，使方案适应学生，而不仅仅是让学生适应方案。教育行政部门在制定了统一的培养方案以后，只是具有宏观指导的功能，各个学校根据自身的实际情况和学生的层次水平可以调整方案和学制，学生也可以对培养方案提出合理性的建议，实现“教”与“学”之间的“相互理解”。此外，还可以尝试推广分层次教学。

（二）学科化

我国当前的高校英语教学主要是围绕“学习语言知识，掌握语言技能”展开的，并且受社会发展的影响，高校英语教学的中心应该转向以实用为目的的教学，即由“学”转向“用”，在“用”中“学”，通过一系列的语言实践，提升语言能力。

就“社会行动”而言，进行“学科化”的高校英语教学是十分有必要的。所谓的高校英语教学的“学科化”，并不是“英语”与“专业知识”或“专业英语”简单相加，而是两者之间的相互融合，是集“实际运用”“英语表达”“学科趣味”，甚至是“学术思维”于一体。高校英语教学“学科化”的有效途径之一就是在普通高校中开设以学科为中心的高校英语博雅课程，学生不仅可以了解与英语学科相关的知识和发展状况，还可以接触相关的学术刊物、栏目等，同时还能为学生提供出国求学的帮助。

高校英语教学改革的最终目的是要走出“外语圈”，改变其从属地位的现状，发挥高校英语教学的引领作用。各高校要在满足学生个性发展要求的基础上，开发多层次、立体式的高校英语教学模式，充分提高学生的英语应用能力和学科研究能力，在逐步提高学生的基本英语技能的同时，逐渐深化其专业英语知识和技能，使其在多个领域都能发挥专业英语水平的优势，力求做到英语“学科化”教学。

三、高校英语教学改革理念

在进行高校英语教学改革时应遵循的理念是改革者必须考虑的问题。在当今社会，我国正致力于建设创新型国家和人力资源强国，为适应这种发展趋势，高校英语教学要将培养国家需要的高素质人才作为教育思想，高校英语教学改革中要以中华文化为本，即以“中学为体”，在高校英语教学中传播中华文化，同时学习世界先进的知识与技术，增强中国的软实力。因此，高校英语教学的指导思想便是“传播”与“借鉴”。为了更好地实现这一教育目标，高校英语教学改革要进行全方位的整改，使英语教学朝着特殊化、学术化方向过渡，这就要求改革一方面要强调学生的主体地位，另一方面要提高学生的学习技能。

（一）强调学生的主体地位

知识型时代已经到来，社会对于应用型英语人才的需求与日俱增，因此，高校英语教学改革要全面关注英语应用的细节内容，以学生的发展为中心，强调学生的主体地位，依照学生不同的身心发展特征和学习水平，设定相应的职业、人生发展目标，并对应提高其在相应领域的英语综合应用能力和竞争实力，这是高校英语教学改革的基本理念之一。

（二）提高学生的学习技能

英语是传播中华文化，借鉴与吸收外国先进文化和技术的工具。因此，高校英语教学要培养学生跨文化交流和学术交流的能力。为与这一教育理念相适应，高校英语教学改革必须改变其教学内容，通过加强阅读教学，培养学生“借鉴”的能力，通过加强写作教学，培养学生“传播”的能力。

第二章　高校英语教学改革措施

高等教育英语教学改革的目标在于最大限度地利用现有资源和条件，采用创新的教学模式，以培养学生的自主学习、综合运用和创新能力为目标。本章旨在探讨高校英语教学的改革措施，重点关注高校英语教学设计、模式、方法和评价等方面的改革。

第一节　高校英语教学设计改革

一、学科教学活动与设计

（一）教学活动中的设计

教学是一项由教师主导的学习过程，它涵盖了教师的指导和学生的学习两个方面，其核心在于激发学生的学习热情，口语化倾向。教师的教学目的在于推动学生的学习进程。从学生的学习角度来看，教学是一项由教师主导的活动，旨在引导学生主动学习、掌握知识和技能，同时全面提升其核心素养。当然，教师的引导不是随意的，而是依据一定的内容，指向一定的目的，借助一定的方法和技术进行的，是一个有计划的、系统性的过程。

简单地说，教学是引导学生学习、促进学生发展的活动，在这个过程中，若要使学生尽可能高效地掌握知识和技能，教师就必须对教学活动进行精心的设计与安排，为学生提供有利的学习条件。只有这种有组织、有计划的教与学的活动才是学校教育意义层面的教学。家庭教育、社会教育中的诸多教育活动，与学校教育活动最大的区别在于是否有目的、有组织、有计划。因此，目标指向性、组织性和计划性是教学活动的重要特点。

这里所指的目标指向性、组织性、计划性，即针对一定的教学目标，提前计划和设计教学内容、教学方法和技术等教学过程中重要的因素，对教学过程作出预设，以达到更好的教学效果。因此，教学需要设计。

（二）对教学设计的概念解析

教学设计（instructional design）在属性上是一种设计，教学是其领域规定性。所以，理解教学设计，必须从设计的角度出发。

“设”有设立、布置、筹划、安排之义，“计”有计算、测量、计划、策划、考虑之义。两词复合而成“设计”，就是设想、运筹、计划与预算，它是人类为实现某种特定目的而进行的创造性活动。设计是一种由目标导引的活动或过程，这种活动或过程的目的是构想和实现能满足某种特定需要的、具有某种实际效用的新产品或人工制品，如问题求解方案及其决策。因此，设计的目的就是谋求事物、现象或活动的改善，使现存的状态朝着期望的方向变化。

对设计的学术研究领域很多，诸如工业设计、建筑设计、服装设计等传统领域，以及软件设计、游戏设计等最新领域，都对设计有着非常深入且广泛的研究，这些领域都可能与教育形成关联，如教育产品生产需要工业设计，学校建设需要建筑设计，校服生产需要服装设计，教学需要软件设计、游戏设计。

随着教育的发展，对教学本身的设计逐渐发展成为一个领域，诸多领域的专家对教学设计也进行了广泛而深入的研究。

教学设计是一种计划或范型，用于构建长时间的学习课程，需要选择合适的教材以及在教室和其他环境中指导教学活动。教学设计不仅是教师传授知识的方式，更是学生探索学习的途径。教学设计是一种学习方式。一种教学设计即为一种营造学习氛围的方式。在教学过程中，营造一种氛围是至关重要的。这种环境是指一个能使学习者有效地获取知识并促进其发展的场所。在此环境下，学生得以相互互动，掌握学习技巧。教师在引导学生获取信息、提高思考、增加技能、培养价值观、思维方式和表达技巧的同时，也在传授他们学习的方法。教育的终极目标在于提升学生的学习能力，这是不容忽视的。

自 20 世纪 80 年代以来，一方面受国外学者对教学设计研究的影响，为了弥合教学理论与实践之间的鸿沟，国内教学论研究的焦点已经转向了教学设计的研究，众多国内学者从不同的视角对其进行了不同的定义。

第一，在特定的教学理念的指导下，教学设计是一套相对稳定的教学流程和实施策略，以完成所提出的教学任务。

第二，教学设计是一种独具特色的教学模式，它以教学过程的结构、阶段和程序为基础，通过长期的、多样化的教学实践形成了相对稳定的、具有独特特色的教学方案。

第三，教学设计是一种以教学过程为基础的范式。作为教学理论中的一个特定概念，它指的是在特定的教育思想指导下，为实现规定的教学目标和内容，设计了一种相对稳定的简化组合方式和相应的活动程序，以应对构成教学要素的各种挑战。

第四，教学设计是建立在教学实践基础之上的一套完整的教学设计体系，旨在组织和设计教学活动，再现和调节教学结构与功能，以达到最佳的教学效果。

第五，教学设计是一种基于特定教学理论的教学范式，旨在实现特定的教学目标。“教学设计”呈现出一种相对稳定的结构和程序，为其提供了坚实的基础。

第六，教学设计是一种教学行为模式，它能够准确地反映教学的客观规律，并为教学实践提供有效的指导。在特定的教学理念或理论指导下，对教师、学生和媒体之间的互动状态和过程进行概括，形成了一种系统、有序、简洁的结构关系，这种关系被称为教学行为范型。

由以上描述可以发现这些教学设计的定义在不断地丰富、提升和完善，充分体现了教学设计的本质。

（三）教学设计具备的基本特征

1. 认识设计

设计是人类所特有的且广泛实践的社会文化活动，虽然一些动物具有搭建巢穴的能力，但它们并不开展设计巢穴的实践。所以，设计是具有独特性的人类实践活动。设计必须确定问题的价值和问题的实质，基于此形成新的解决问题的理念，再基于理念进行设计。所以，在价值层面，设计是一种对理想的表达。设计具有明确的指向，必须制定目标行为活动的策略、方案或程序，以改善某一事物或某一活动为目的。所以，设计在行为上是一种指向性活动。设计要求基于问题分析、条件，设计出多种可供选择的策略、程序或方案。因此，设计在本质上是一种创造性、选择性的活动。

2. 不同视角分析教学设计

人类对自我与自然的认知永无止境，人类的设计在任何时代都只是相对于当时条件的设计。显然，这些分析对于我们理解设计非常关键。教学设计毕竟是教学实践，我们还需要从教育学、心理学的视角进行分析，以全面把握教学设计的本质。

从教育学视角可知，教学设计具有以下特征：

（1）设计使教学更具目的性

教育是人类特有的传承文化的能动性，具有显著的目的性，教学设计促进教学目标、教育目标的实现。

（2）设计有助于提高教学效率，促进单位时间的教学成效的提升

教育，尤其是学校教育，是用较短的时间（如 12 年基础教育、4 年本科教育等），促使受教育者发展成为社会所需要的人，所以学校教育的任何课程的课时都是有限的。经过合理设计的教学活动，可以使教学课程更有效率。

从心理学视角看，教学设计具有以下特征：

（1）设计是塑造学习过程的外在要素

通过个人实践，学习者在内在和外在因素的相互作用下，推动知识、行为或行为潜能、核心素养等方面发生变化的活动过程，即所谓的学习。个体的内在因素是学习过程中不可忽视的因素，无法通过简单的设计来实现对学习的影响，而外在因素则可以通过设计形成影响，无论是教学行为，还是学习环境均可设计。

（2）基于学习发生和形成的经验进行设计，提高学习成效

教师之所以能够促进学生学习，是因为教师本身是学习者，而且是学习的引导者，其教学经验使其具有促进学习者掌握所学内容的方法，从而可以促进学习的发生与发展，并促使整个学习过程的完成。基于这种经验的设计，可以有效地促进学习过程，形成学习成效。

基于对设计的以上认识，我们可知：教学设计所探讨的设计，是基于教师对于教育、教学尤其是学习的理念、经验等，创设指导学习者的学习实践的活动，这些活动具有明确的目的性和实践性，从而使学习有效发生、发展，并最终实现学习目标。

二、高校英语教学设计特征

（一）预设性

在进行课堂教学活动之前，英语教学设计是对整个英语教学活动进行全面分析和决策的过程，它涉及构思、策划和制定教学方案的总体过程。预设性的英语教学设计涵盖了对教学目标、教学内容、教学策略、教学方法、教学活动以及教学评价等多个方面的设定。

英语教学设计的这一特点，对英语教师提出了更高的要求。英语教学设计的预设性特点，要求教师不仅能够比较准确地把握英语学科的最终目的、一定阶段（例如一学年或一学期）的任务，还要求教师把握好整个学科的教学内容、教学策略、教学方法等。因为任何一个学科的教学内容都存在一定的逻辑关系，如果不考虑内容之间的关系而随意安排教学内容将不利于英语教学的进行。另外，由于教学策略、教学方法等具有不同的适应性，如阅读的教学策略并不一定适用于听力教学，所以，教师需要熟悉这些策略、方法等[①]。

（二）整体性

教学设计的理论来源之一是系统理论。由此可知，教学设计过程就是在系统科学方法的指导下，对诸多要素进行系统安排和整合的活动。科学的教学设计与以往的单纯经验性教学设计的显著区别在于，它采用了一种全新的教学方法，注重学生的个体差异和个性化需求，从而提高了教学效果。英语的教学活动是一个复杂的系统，由教师、学生、教学内容、教学媒体、教学环境和教学方法等多种教学要素构成，而英语教学设计则作为教学活动的准备活动，涵盖了广泛的活动，是一个有机的整体，由目标设计、内容方法设计和评价监控设计组成。

英语教学设计的整体性特征要求教师对教学活动诸多构成要素进行综合与整体的规划与安排。换句话说，英语教学设计的整体性要求就是要求教师在进行教学设计时，全面考虑和分析整个英语教学活动的各个要素，明确各个要素

① 何广铿．英语教学法教程：理论与实践［M］．广州：暨南大学出版社，2011.

在教学中的作用，力求使它们在达成教学目标的过程中能够有机配合，充分体现教学设计的完整性与整合性特点。

但是，需要注意的是，教学设计的整体性并不是要求教学所有的因素都要面面俱到，而是要根据实际教学目标要求，有重点地突出强化一个或几个因素，从而使教学活动能够做到重点突出、特色鲜明、效果显著。

（三）有序性

英语教学设计的目标在于规划和组织教学活动，以有序、优化的方式安排教学要素，从而激发学生对语言知识和技能的兴趣，达到预期的教学效果。英语教学是一个循序渐进的过程，英语教学的内容安排，对学生的要求遵循由简单到复杂、由浅入深的先后顺序，如果顺序乱了，就不利于学生的学习。而英语教学设计是对整个教学活动的预设，对英语教学过程具有一定的指导性。因此，英语教学设计也应该具有有序性。

（四）针对性

英语教学设计是对教学的规划和安排，同时也是一个问题解决的过程。它以促进学习者学习为目的。为了促进学生学习，以学习者所面临的学习问题为出发点捕捉问题，确定问题的性质，寻找解决问题的办法，最终达到解决教学问题的目的。英语的教学设计具有高度的定向性，它是根据具体的教学情境进行问题设计的。实际上，任何一种教学设计都是在特定的教学活动背景下进行的。这些授课活动的背景可以是教学目标、授课对象、授课内容、授课媒介等[①]。由于英语学习环境的多样性以及各种语言能力之间存在着明显的差别，所以英语课程也不可能完全照搬其他学科或专业中的教学模式。当教学活动的背景存在差异时，相应的教学设计方案也会呈现出多样化的特点。英语学习活动也不例外，其目的在于提高学习者的语言能力和运用知识解决问题的能力。因此，在规划英语教学活动时，需要综合考虑教学目标、教学内容等多方面因素，并特别强调对学习者各方面特点的全面了解和深入分析，以学生

① 何少庆．英语教学策略理论与实践运用 [M]．杭州：浙江大学出版社，2010.

现有的发展水平为基础来制定教学活动。根据教学目标、教学对象、教学内容、教学媒体的不同来调整教学设计，这些都是英语教学设计的针对性特点的体现。

提升英语教学设计的针对性，有助于增强教学的针对性，提高教学的有效性，缩短教学时间，提高教学效率，从而形成优化运行的教学机制。

（五）机动性

系统的英语教学设计具有方案制定的机动性。英语教学设计是对教学活动的预先分析与决策，对英语教学过程具有指导意义。但是，英语教学设计毕竟只是一种对教学的提前规划与安排，而不是教学活动本身，并非固定不变的。因此，教学设计应该具有机动性，便于教师能够根据教学的具体情况要求及时进行修改。在教学过程中，经验丰富的教师会根据实际情况灵活调整和变通，以适应当时的教学需求。

三、高校英语教学设计原则

（一）交际性原则

1. 英语交际特点

英语作为语言，是人类最重要的交际工具之一。语言的最本质功能是交际功能。交际是在特定语境中说话者和听话者、作者和读者之间的意义转换。由此便能总结出交际的四个特点，如下：

第一，交际有口语和书面语两种形式。

第二，交际只在一定的语境中发生。

第三，交际需要两个以上的人参与。

第四，交际需要两个或多个参与者之间的互动。

2. 教学过程注意事项

英语学习的目标在于运用英语进行有效的人际交流。交际能力主要包括听、说、读、写四种基本技能，其中“听”与“说”是最基本的技能之一。英语教学的目标在于培养学生运用此种交际的能力，以提高其人际交往的水平。交际能力的核心在于熟练运用所掌握的语言知识，在各种场合下对不同的对象进行得体有效的交流。因此，在英语教学中必须贯彻交际性原则，使学生能够运用所学英语与人交流，在教学的过程中应注意以下五点：

第一，充分认识英语课程的性质。

第二，为学生创设各种情境。

第三，注意培养学生语言使用的得体性。

第四，做到精讲多练。

第五，确保教学内容与教学活动的真实性。

（二）系统性原则

系统性原则要求教学内容的安排、教学要求的逐步提高和完成，应有一定的顺序和系统，要引导学生逐渐地、不间断地来掌握知识和技能。

知识和技能是逐步的点滴积累和培养而成的。新的知识和技能是在旧的知识和技能基础上获得的，比较高的技能只有在最基本的技能的基础上才能获得。只想培养较高的技能而忽视基本功的训练是达不到目的的，但仅仅停留在基础阶段，而不向较高的方面去发展，也不能完成学校的培养目标。为此，研究各年级的练习体系是十分重要的问题。

科学的练习体系与提高教学质量有着密切的关系。一门课程的系统知识和技能只能是长期地、逐步地、点滴地取得的，而不是依靠短时期集中突击就可以生效的。否则即使暂时取得某些极不牢固的知识和技能，很快就会遗忘消失。因此，这就需要教师在教学中坚持系统性原则。要遵循系统性原则，应从以下四个方面入手：

第一，教学内容的安排要有严密的计划和顺序。

第二，教师应该有计划、有步骤地进行教学工作。

第三，指导学生系统连贯地进行学习。

第四，要注意各年级语言材料、知识、技能之间的衔接。

（三）真实性原则

真实性原则是为了提高英语教学质量、教学效率和教学成绩，英语教师应该对教育因素的真实内涵，尤其是英语教育的真实目的，学生的真实学习目的和动力，真实学习兴趣与真实学习困难和真实的英语学习动机等有所把握，并保证英语教学中的语义、语境、语用材料、教学过程、教学设计、教学设计和技巧以及教学技术等因素的真实性。在英语教学中，遵循真实性原则就是保证各个环节的真实，以培养学生综合语言运用能力为总目标，以交际法和任务型教学为策略，在真实的环境中获得真实的语言能力。在英语教学中要实现真实性原则，需要做到以下四个方面：

第一，把握真实语言运用的目的；

第二，采用语用真实的教学内容；

第三，设计组织语用真实的课堂教学活动；

第四，设计编排语用真实的教学检测评估方案。

（四）循序渐进性原则

循序渐进性原则是指教学活动要结合学科的逻辑结构和学生的身心发展情况，有次序、有步骤地进行，以期使学生能够有效地掌握系统的知识，促进身心的健康发展。这一原则是科学知识发展的客观要求，也是教学制约于学生身心发展规律的反映。循序渐进有利于将学生的已有知识、生活经验以及好奇心联系起来，有助于他们认清事物发生及发展的过程，明晰所学内容的条理，逐步掌握解决问题的方法，形成解决问题的能力。贯彻这一原则需要做到以下三个方面：

第一，精心设计每个教学环节，明确各个教学环节的目标，选择最佳的方法及手段，使知识的呈现生活化和生动化，使形象向抽象逐步过渡，使操作技能与逻辑思维的发展有机结合。

第二，保证每个教学环节过渡得自然，做到承上启下。

第三，有序拓展知识网络，懂得每一次的学习都是知识的又一次积累和补充，以便形成较为完整的知识体系。

（五）发展性原则

教学是传授知识的过程，也是促进学生身心发展的过程。在传授知识的同时，促进学生的身心发展是教学过程的客观要求。教学的发展性规律主要是指在教学过程中，在传授知识的同时，影响着以智力为核心的身心发展，学生以智力为核心的身心发展又影响着学生对知识的掌握。

在教学过程中，向学生传授知识和发展学生智力并不是相互对立和相互排斥的，而是相互促进、相互影响、相辅相成的。因此，学生的发展可以被看成一个生命整体的成长，并且这个发展过程既有内在的和谐性，又有外在能力的多样性以及身心发展的统一性。要想实现英语教学的发展性，需要做到以下三点：

第一，教师要关注每个学生的成长，以保证所有学生都得到发展；

第二，充分挖掘课堂存在的智力和非智力资源，并合理、有机地实施教学，使之成为促进学生发展的有利资源；

第三，为学生设计一些对智慧和意志有挑战性的教学情境，激发他们的探索和实践精神，使教学充满激情和生命气息。

（六）文化导入原则

语言是文化的载体，语言离不开文化，语言也不能脱离社会而存在。另外，语言也是对社会现实生活进行理解的方向。语言不仅反映着一个国家或地区的历史传统、风土人情、宗教信仰等方面的内容，还能体现出这个民族的世界观、价值观和人生观等意识形态领域的特征。透过对语言特征的分析和运用过程，我们可以深入了解一个民族的思维模式和生活方式的独特性。言语乃是各民族文化的风俗习惯的映照，同时也是文化的显现方式。因此，在进行英语教学时要重视英语国家民族的文化和社会习俗，帮助学生了解其中的文化差异，拓宽视野，不能穷追，不能回避，也不能胡乱解释或更改。

学英语是为了用英语，用英语是一种文化交际，如果不尊重英语民族的文化，就很难得体地使用英语语言，会妨碍彼此进一步的沟通。在英语教学活动中，英语教师可以从以下四个方面来进行文化教学：

第一，注意捕捉教材中的文化信息。

第二，运用真实的情境教授文化知识。

第三，认真分析中中外文化的差异。

第四，充分利用多媒体与网络进行教学。

（七）可持续发展原则

在完成基础英语教学阶段的学习之后，学生还要向更高级别的英语教学阶段发展，继续进行英语学习。因此，在英语教学中，教师就要坚持可持续发展原则，在实践中自觉地为学生打好向高级阶段学习的基础。具体可从以下两个方面入手：

1. 知识的前后正迁移方法

遗忘是学习任何知识都不可避免的问题。因此，必须通过巩固习得语言知识。但是，仅凭消极的巩固往往得不到满意的效果，所以需要在教师教学中培养学生的英语实践能力，也就是在发展中达到巩固，以巩固求发展。而巩固性和发展性需要在概念同化、知识和技能的迁移中体现出来。教学中应尽可能地通过各种方法来增大正迁移量，以便学生更好地掌握知识和提高实践能力。

2. 学生学习英语正确态度的培养

结合学习内容讨论情感问题。在日常的英语课堂教学中，教师要注意融入积极的情感态度，针对学生学习过程中出现的具体问题进行具有针对性的引导，帮助学生解决情感态度方面的问题，建立情感态度的沟通渠道。情感态度的沟通和交流渠道可以通过教师在课堂教学中建立起来，如建设融洽、民主、团结、相互尊重的课堂氛围等。有些情感态度适合集体讨论，有些问题则需要师生之间进行有针对性的单独探讨。但在沟通和讨论的过程中，教师要注意尊重学生的感受，避免伤害学生的自尊心。同时，情感具有外在和内在的表现，教师要仔细观察，了解学生的情感态度，以培养学生积极的情感，消除消极的情感。

四、高校英语教学设计改革现状分析

（一）高校英语教学设计改革的创新性

创新教育的核心在于激发学生的创造性思维、创造性人格和创造性能力。创新教育的成功与否，在很大程度上取决于课堂教学的质量和效果。在许多高等院校中，英语课程被视为必修课程，其地位不可忽视。高等教育中英语教学的改革目标在于最大限度地利用现有资源和条件，采用创新的教学模式，以培养学生的自主学习能力、综合运用能力和创新思维。在设计高校英语创新教学活动时，必须全面考虑学生和教师的角色定位，以确保教学活动的有效性和可持续性。学生已不再是信息的被动接受者，而应成为知识的积极探索者、创造者，为知识的发掘和创造提供有力的支持；教师应成为课堂上的引导者和参与者，并对课堂教学活动进行评价与反思。作为课程的策划者和组织者，教师不仅是语言交际环境的构建者，更是学习过程中的引路人和监督者。在设计高校英语教学活动时，为达到预期的教学目标并激发学生的创新思维，应全面考虑以下五个方面：

第一，设计课堂教学活动时，应当注重激发学生的好奇心和求知欲，使课堂充满趣味性。为了激发学生的学习热情，课堂设计的活动应该以学生所感兴趣的话题为出发点。

第二，在设计高校英语课堂活动时，必须注重创新思维，以确保活动的独特性和创新性。为了保持学生的新鲜感，课堂教学活动应该具有多样性，根据学生的需求设计不同类型的活动，以确保教学效果的最大化。在每一节课开始之际，都可以策划一项名为“破冰活动”的活动，其形式多种多样，包括但不限于名称游戏、问候用语接力以及谜语猜测等。

第三，重视团队合作的活动形式。为了促进学生之间的有效交流，我们可以采用小组合作的方式，让每个人都能够参与其中，并履行他们分配到的职责。

第四，展现操作与评价体系的弹性与可塑性，以充分体现灵活性。课堂活动具有高度的灵活性，需要综合考虑活动时长、参与人数以及学生的学习水平等多个因素。为了满足不同学生的需求，看词编故事活动可以设计多种难度不同的词汇，并根据难度系数和完成程度进行考核和评价。

第五，为了培养学生的想象力和创造力，活动的设计须具备富有创造性的特质，以充分发挥他们的创造力。通过遵循活动规则，我们可以激活学生内在的潜能，从而达到最大化的效果。教师可以提出与学生个人相关的问题，促使其勇于提出解决方案。

（二）现阶段个别高校英语教学设计中存在的问题

随着信息技术与英语教学的日益融合，教学设计应用的迫切性和必要性也日益凸显。随着现代教育技术的发展和进步，越来越多的教师开始将自己的教学活动置于信息化环境中进行组织、实施和反思，从而使教学设计得到了长足的发展和提高。然而，对于教学设计理论的应用意识和应用水平，教学实践者尚需进一步提升，以达到更高的水平，高校英语教学设计大体上应注意以下三方面：

首先，要提升高校英语教师在教学设计中的应用意识、理论水平和应用水平是当务之急。

其次，要明确教学目标。教学目标是所有教学活动的起点和终点，它在制订教学计划、确定教学重点、组织教学内容、选择教学方法等方面扮演着至关重要的导向角色。教学目标是一个包括课程目标、单元目标以及各个知识节点的学习目标的综合体系，旨在为学生提供全面的学习指导。

最后，教学方案要反映教学结构的转变。就教学结构来看，高校英语教学方案并没有摆脱传统型结构，其显著的特点就是在教学过程中，师生的关系仍旧是灌输与被灌输的关系。教师进行教学的基础是教材，教学内容的安排和教学过程的展开也都要基于此，修改或者变动教材的情况十分少见[①]。

---

① 周风燕．英语学习策略 [M]. 北京：知识产权出版社，2009.

五、高校英语教学设计改革的思想、内容及具体分析

（一）高校英语教学设计改革指导思想

教学设计作为一种理论应用活动，理论联系实际以其为纽带，故在教学设计尚未展开的时候，就需要阐明设计活动依据的是何种理论，否则设计就是一种盲目性的活动。为了澄清此问题，必须聚焦于分析教学设计理论与“教学理论”和“学习理论”之间的关系，以明确教学设计是一种“教育”的理论，还是一种“学习”的理论。

有学者认为，在实践中，教与学是联系在一起的，但是就理性思维而言，这是可分的，可以分别对其进行理论研究。教学理论是“教”的理论，它是以教师的教学活动为研究对象，其着眼于“教师的教怎样影响学生的学”和“怎样教才是有效的”这两个方面。这也正是学习理论研究的出发点。学习的本质、心理过程和影响因素，是学习理论所探讨的核心议题。

在欧美国家，教育理论被纳入心理学范畴，其基础在于学习心理学，其中斯金纳、加涅、布鲁纳、奥苏贝尔、罗杰斯等人的教学理论及当前广泛应用的建构主义教学理论是具有代表性的。这些学说的核心在于以“学习”为基础，探讨“教育”的本质。从简单的字面意思来理解，就是以学生的“学”来评价老师的“教”。具体来说，以“学”为出发点、根本点和归宿，一切为了学生的发展而施教。教师在设计课堂教学时，应当以学生的发展需求和现状为导向，而非僵硬化地套用固定的程序来引导学生参与学习。为了更有效地推动学生的“学习”，教师所进行的“授课”工作是必不可少的。

在美国，就理论形成的依据与实践背景而言，教学设计理论与教学理论具有一致性，教学设计理论在吸收系统观点和方法的基础上，更加强调教学程序、方法和技术问题，这也是其与其他理论存在的差异所在。以其教学理论为基础，加涅对教学设计理论进行了建构。他在研究过程中发现，教学设计理论有许多共同的特点，如重视教育目标、强调学习活动的连续性以及对教学方法和手段的运用等。瑞格鲁斯——一位享誉全球的教学设计大师，以

其独特的教学理论为基础，提出了与加涅等人的教学理论相似的观点。他在教学设计中运用了大量的系统论思想以及心理学原理。由此我们可以认为美国的教学理论体系包含了教学设计理论，所以教学设计理论在其中扮演着重要的角色。

就我国而言，何克抗教授在探讨教学论和教学设计之间的差异时，强调了教学论作为一门理论性学科，其研究对象是教学的本质和规律，而教学设计则是一门应用性学科，旨在具体设计和规划各个教学环节。

在大学英语教学设计中，应以学生为中心的教学观为基础，因为在认识论层面，认知活动以学生为唯一主体，所以只有以学生为中心的教学观念才能被视为一种实事求是、科学的教学思想。就方法论来说，任何一种先进的教学方法都必须从研究和实践中去寻求并确立起它在具体教学活动中的地位。美国的现代教学理论建立在以学生为中心的理念之上，将学生的需求和利益置于至高无上的地位，“学生中心”观并不是建构主义教学观所特有的，立足于“学生中心”观建立起来的还有认知主义、人本主义等教学理论。

基于学习理论，大学英语教学设计模式可以“取百家之长”，兼容并蓄。学习是一个复杂的过程，包含了方方面面的内容，目前所存在的学习理论，都只是说明学习的某一方面，从而忽略其他方面，也就是说不可能存在一种学习理论既可以囊括所有学习内容，又可以有效地指导教学。在解决实际问题的过程中，教学设计者应当善于对各种学习理论进行评估，以确立自己应基于的学习理论，这是德里斯科尔教授的观点。教师必须将这些理论指导实践，才能使课堂教学取得最佳效果。

（二）高校英语教学设计改革内容

1. 教学分析环节

教学设计的起点必须是对具体教学情境的分析，只有在此基础上才能进行理论上的教学设计。教学分析可以帮助教师了解学生当前的学习状况，从而制定有效的教学策略。在进行教学分析之前，必须先制定一个系统明确的分析方案，接着收集和分析与教学相关的数据，最终将这些数据整合起来，形成一份详尽的教学分析报告。通过对教学活动中出现的问题以及产生这些问题的原因进行全面的了解，才能够提出有效的解决方案，以保证教学效果达到预期的目标。从具体上来讲教学分析可以总结为以下四点：

（1）对学生的学习需求进行分析

在当前阶段，学生的学习水平与他们所设想的教学目标之间存在着一定的差异，这种差异需要得到充分的关注。只有通过有目的地分析学生的实际学习需求，才能够对那些英语能力较弱、不喜欢学习英语、学习方式单一等问题的学生有全面的了解，从而制定具有针对性的教学目标和方法。

（2）对于所学内容，需进行深入的剖析

为了确保学生在知识、技能和行为习惯等方面的掌握符合学校的要求，必须采取相应的措施。为了确保学习内容的前瞻性设计，必须深入分析学习范围、深度和内容成分之间的相互关系。一般来说，大学在进行教学设计时，会将学生的学习内容考虑在内，包括课程设置、教材选择以及教师教案的编写等方面。教学内容必须包括良好的英语基础知识教学，同时应考虑各学科的特点以及学生未来的职业方向，以此为基础提高英语教学的实际应用价值。

（3）分析学习结果

分析学生对学习内容的掌握程度是本节所关注的内容。一些人将学习成果划分为四类，包括知识、技能、态度和行为规范。在高校的英语教学中，重点应该放在知识和技能的掌握上，因为这是英语课堂教学的任务之一。而态度和行为规范的学习则属于英语教学管理方面。

（4）分析学习主体的情况

高校英语教育注重分析学生的基本情况、兴趣爱好和学习方法等因素，因为学习的主体是学生，只有深入了解学生的需求和特点，才能更好地开展英语教学工作。分析英语学习基础的目的，在于提高学生对英语相关知识和自主学习能力的掌握水平，以便根据分析结果来制定更为科学合理的英语教学计划和内容。为了全面掌握学生对英语的兴趣、认知和职业方向，我们需要对其学习态度进行深入分析，然而这些方面在教学分析中常常被忽视。因此，必须对学生进行情感上的引导，以激发他们对学习的热情。

2. 教学设计环节

（1）教学目标设计

教学目标设计是为了实现教学活动的预期效果而采取的一系列措施。在我国目前高等教育中，大学英语作为一门公共课程，其作用不仅仅是帮助大学生学习专业语言知识和技能。在制定目标设计时，需要综合考虑多个因素，包括但不限于学科、学生和社会需求等，以达到最佳的教学综合效果。对于众多高校而言，英语教学的目标在于培养学生具备基础英语教育阶段所需的教育教学技能。因此，在实际教学中应该从这一角度出发来制定相应的教学目标，并通过有效的策略实现这一教学目标。为了满足社会对英语口语应用能力的需求，该计划的主要目标在于提升学生的口语表达水平。因此，为了培养学生在英语初级阶段的教学、课程安排和口语交流等方面的能力，教学目标的设计必须全面考虑。为了全面培养专业型人才，我们应该将职业实践作为专业课程的核心教学内容。

（2）教学策略设计

以教学理念为主导，在教学问题、方法及其他相关因素上事先建立初步的设想。教学效果取决于教师的教学顺序、方法，学生的学习进度以及师生互动方式等多种因素，其中最为关键的是教学方法的精心设计。英语口语水平的提高需要将直接法、交际法以及沉浸式等多种技能教学法进行有机融合，以达到更全面、更深入的教学效果。综合考虑，教学策略的设计充分展现了教师在教学过程中所具备的卓越能力、独特特色以及积极主动性。

（3）教学媒体设计

在众多的媒介类型中，必须精选出最适合用于教学的。英语教学所面临的主要挑战在于缺乏适用英语的语境。因此，为了创造相应的情境，采用适宜的媒介是最为有效的方法。信息技术的飞速发展，带来了大量先进的教学媒体设备，这些设备的功能完善，使得教学媒体系统的设计得以顺利实现。在英语教学中，需要考虑教学情境的各种因素，如时间、地点等，以便选择适合教学的媒体。高校在运用教学媒体进行英语教学时，应该充分考虑学生交际能力的提高、思维的扩展、学习积极性的调动以及教学内容的拓展等方面的培养。在教学设计过程中，需要重视学习经验信息的反馈以及教师是否能够灵活运用教学媒体技术等问题。希望通过媒体的运用，能够优化教学效果。

（4）教学流程设计

在教学过程中，需要制定一系列科学合理的步骤，以确保教学效果的最大化。高校的英语教学主要包括技能示范和训练两个方面，其独特之处在于其强调实用性和可操作性。教学的三个要素是示范、操作和应用，必须在符合教学设计基本原则的前提下，同时达到教学优化的目标效果和时间标准，以促进个性化教学的发展。

3. 教学评价环节

在推广新的教学方法之前，必须先进行小规模的测试，以评估教学设计的可行性、有效性和合理性，从而使教学设计更加完善。评价指标是基于对英语学习的重难点知识的分析，同时考虑学生的学习基础、个体差异及其原因等实际情况，从而确定教学设计的目标是否符合时代对高校英语专业人才的需求，教学策略是否具有可行性和实用性，教学媒体是否能有效构建英语教学情境以及是否能够调动学生的情感认知，并设计教学过程以实现预期的教学效果。教学设计的评价可以采用定性或定量的标准，通过多种方式，如观察、教学评估、问卷调查等，收集和分析学习效果和教学过程的信息，制作信息分析图表，最终总结成评价结果。

（三）高校英语信息化教学设计改革

1. 设计思路

（1）课前设计

为了确保教学质量，教师必须进行周密的课前准备工作，深入研究教学材料和内容，明确自身教学的重点和难点，并在此基础上发布学习任务。在发布任务时，教师应当认真搜集并制作视频、微课等学习资源，以适应学生的学习水平和需求。教师在发布任务时，应当以学生的实际情况为出发点，逐步提高任务的难度和深度，以达到更好的教学效果。由于高校学生英语基础薄弱，因此在学习初期，如果教师布置过于复杂的任务，可能会对学生的自主学习信心产生负面影响。为了激发学生对学习英语的兴趣，教师应设计一些有趣的活动，让学生通过自己的动手操作或合作交流来完成任务。他们可以选择各种任务，如了解课文的写作背景、了解作者的简介、朗读和背诵英语单词、掌握一些基本语法、进行简单的听力练习、模仿朗读、复述课文等，这些任务都是他们所能承担的。若学生能独立完成这些任务，则教师可将其作为教学重点，以巩固所学知识。随着时间的推移，学生的能力得到了显著提升。因此，教师可以适当增加任务的难度，如进行深入的分析和讨论。此外，教师可对学生进行分组，以激励小组成员相互协作完成学习任务，并通过互查的方式对组内成员进行监督。教师应当善加利用社交工具和学习工具，如要求学生通过学习背诵单词、利用慕课平台阅读课文等，以增强提高他们的学习效果和知识水平。此外，教师应定期与班级其他学生交流沟通，让他们分享自己学习过程中遇到的困难和经验。教师可以利用社交媒体平台对学生的学习进度进行督促，同时要求学生在遇到问题时及时在平台上发布，并对学生提出的问题进行解答。

（2）课堂教学

在高校英语教学课堂中，教师可以充分利用移动智能终端设备，如平板电脑、移动手机和笔记本等学习设备，通过网络设备管理相应的教学资源，并将其传输到相应的客户端上，为学生提供学习参考的机会。在学生进行自主学习的过程中，教师可以运用信息技术平台对学生进行教学监督和管理，以提高学生的学习效果。教师可以利用信息设备向学生传送教学资源和相关的课件，或者提供教学视频，这样学生就可以随时下载资源，进行自主学习。

（3）课后评价

为了全面评估学生的学习情况和综合素质，教师需要根据学生的个体差异和实际情况，对其进行全面的综合评估。扩大评价和考核的指标和范围，不仅要关注学生的卷面成绩，还需全面考虑学生在课前预习和课堂方面的表现，以确保学生的全面发展。一个全面的评估框架应当涵盖充分的课前自主学习、积极参与课堂的讨论、与他人的协作创新以及适度难度的期末考试。

2. 改革路径

（1）教学信息媒体素材的采集

为了加强高校英语教学的效果，在传统的教学过程中，除了使用教科书和相关的辅助材料外，还必须使用教学录音带和录像带这样的工具。进入信息化网络时代，多媒体声像素材逐渐在教学中占据着越来越重要的地位，以往是以磁带作为信息载体，现在是以数字化的文件形式存储到磁盘中。

要建设符合高校英语教学需要的多媒体素材，一方面可以将原有的优秀声像资料进行数字化处理，另一方面可以直接利用数字多媒体采集设备进行素材的采集和制作。为了确保学生能够受益于收集的多媒体素材，提供高质量的教学辅助材料，并保证在网络上高效传输，建设多媒体素材时应遵循以下原则：

满足大学英语教学的要求，这个原则是不可或缺的基础。我们创建的多媒体资源是专门为高校英语教育而设计的。无论形式和标准如何，多媒体信息必须准确地传达高校英语教学的核心概念，并且能够帮助学生有效地理解、学习和掌握高校英语知识。否则，即使使用再华丽的语言，也只能是徒劳无功，过于精心的构建只会制造一堆无用的废话。

考虑到网络宽带的限制。如果高校英语网络课程在宽带不受限制的局域网环境下进行，那么教学中的音视频媒体表现能力将会得到充分的利用，而且可以采用高质量压缩格式来制作音视频信息。如果要在宽带较窄的广域网上进行教学信息传输，最好使用高压缩比的格式，并且尽量减少或避免使用视频媒体，以提高信息传输效率。应当始终牢记一条准则，即文字能够清晰表达的内容无须使用音频，而音频可以表述的内容无须使用视频。

在高校英语教学中，应当充分考虑多媒体携带的有益信息是否可以满足教学需求。在制作多媒体网络素材时，必须遵循科学、实用的原则，避免使用华而不实的修辞手法，避免出现表面文章的情况。确保所使用的素材具有足够的可获得性。确保文字拼写无误，错误率不得超过规定的界限。为了确保音视频信息的清晰度、画质的稳定性、音质的优良、音量的适中以及没有任何杂音，我们需要不断努力提高音视频的质量。

在确保多媒体素材充满美感和艺术性的前提下，必须精心设计页面，使其简洁明快，结构布局合理规范，层次分明，色彩搭配协调，以便学生更好地理解和操作所学课程。

（2）教学信息的整合

高校英语教学课件是学生直接接触教学内容的平台，教学课件的质量对于学生的学习兴趣和学习效果有着直接的影响和作用。在获取了大量多媒体教学素材之后，为了达到高校英语课程的教学目标，充分发挥网络课程的特点和优势，需要对这些杂乱无章的教学信息进行合理组织和有效整合，以构建一个完整的高校英语网络教学课件。在高校英语网络教学中，制作课件和整合信息需要从多个方面入手，以确保教学效果的最大化。

运用丰富多彩的传媒素材，以丰富的形式呈现。高等教育中的英语课程是一门注重实践的学科，它不仅需要丰富的文字素材，还需要充足的音频和视频资源。课文和生词的文本信息和朗读录音应当被纳入考虑范围；对于课文中的语言点，应当提供要点提示和详细解释，并将其录制下来；在必要的教学环节中，可以引入适宜的教学短片，以创造一个有利于语言的环境，同时也能够拓宽学生的视野。总之，通过以上一系列的措施，可以使学习者在较短的时间内掌握一定数量的单词、词组及句式，同时还能够培养其良好的阅读能力以及综合运用所学到的词汇、短语等方面的技能。此外，为了促进学生的自主学习和对知识的深入理解，应当尽可能地提供与课文相关的丰富背景资料。这一方法不仅适用于高校英语网络课程的自主学习特点，同时也能够激发学生的学习热情和积极性。

要注意各种教学媒体之间的相互关系，使之形成有机的整体。不仅仅是简单地将各种教学媒体集合在一起，还需要在充分分析课程的结构、内容和逻辑的基础上，进行合理的组合和科学的整合，使其成为一个有机的整体，具有和谐、自然、紧密关联的特点。比如说，可以以大学英语教学课文为核心，将与某个语言点相关的“主要用途”“惯用搭配”“讲解录音”“教学短片”“情境对话”等文本、音频和视频信息以事件或超链接的方式连接到相应的位置。学生可以通过多种媒介获取知识，从而更深入地理解所学内容，达到事半功倍的学习效果。

呈现英语授课的模式。在网络环境下，学生通过阅读和写作来获取知识信息的能力大大增强，同时由于计算机多媒体技术的运用，使得教师能够利用互联网对教学过程进行控制。网络高校英语教学同样适用于此规律。因此，为了让学习者在英语学习中获得一个良好的氛围和环境，高校应该充分考虑这一规律，开发网络英语课程。比如，针对教材和优秀英语文章，除了提供完整的朗读录音外，还可以将录音逐句分割，并与相应的文字内容建立超链接，以实现一一对应的效果。学生可以通过反复点击鼠标来听或模仿他们想要掌握的任何一句话的标准发音，直到他们熟练掌握为止。这样做既可以满足学生反复听读的需要，又避免了使用录音带时不断倒带的麻烦。另外，采用将长音频文件分割为多个短音频文件的方法，还可以完美解决因网络带宽不足而导致的传输困难。

第二节　高校英语教学模式改革

一、教学模式基础理论概述

（一）教学模式涵盖要素

随着系统方法在美国多个领域的应用，如商业、工业、军事等，教育界也开始越来越重视系统方法的应用。到了 20 世纪 60 年代，系统方法逐渐融入教学实践的研究中，经过长期的发展，逐步形成了教学系统方法。

在教学系统方法体系中，我国相关专家、学者利用系统方法研究、设计和实施教学活动，将教学整体看作一个系统，主要包括教学过程、学习过程和反思过程三个具体的过程，同时还包括五个要素，即教学内容、教学环境、教学媒体、学生、教师。在教学系统中，各个要素和过程交织在一起，相互作用、相互影响，共同实现教学目标。由于教学系统是客观存在的，并且其运行具有一定的规律性，所以为了深入研究教学系统的运行规律，我国教育界的专家、学者用教学模式来概括教学系统运行过程，最终明确了教学模式具有理论抽象性的教学系统运行规律。教学模式不仅是教学要素运行的程序和方法，还是具体教学思想的指导，它主要包括以下三个方面：

1. 教学目标

在教学模式的构建中，教学目标扮演着至关重要的角色，因为它是所有教学模式的指导方向，同时由于它决定着师生在教学活动中的组合关系和教学模式的操作程序，所以对构成教学模式的其他因素有着制约作用，是教学评价的标准和尺度，这一特点充分体现了其极强的内在统一性。除此之外，不同教学模式都是为完成一定的教学目标服务的。

2. 理论依据

教学模式乃是对教学理论或教学思想的映射，而非仅仅是在一定的理论指导下规范教学行为的方式。一般情况下，教育模式会随着教育观的改变产生差异。例如，人们的理智与情感活动、无意识的心理活动以及有意识的心理活动在认知中的统一是情境陶冶模式的理论依据。认知心理学的学习理论则是先行组织模式，或是概念获得模式的理论依据。

3. 教学评价

教学评价是一种独特的评价方法和标准，用于衡量各种教学模式是否能够实现教学目标。在实际工作中，由于各学校的教育模式及培养目标不尽相同。因此，对教师课堂教学质量的要求也各不相同。不同的教学模式所需的程序和条件各不相同，需要达成的教学目标和任务也各不相同，所以不同的教学模式应选择相适应的评价方法。

（二）教学模式的主要特点

1. 稳定性

教学模式是一种理论概括，它能够揭示教学活动中普遍存在的规律，通常被视为大量教学时践活动的重要组成部分，只负责提供具有参考作用的程序，并不涉及具体的学科内容，具有一定的稳定性。需要注意的是，教学模式是依据一定的理论而提出来的，因此会受到教育方针和教育目的的制约，与一定历史时期的教育的水平、经济、科学、社会、政治相联系。

2. 操作性

教学模式能够以简化的形式反映某种教学理论或活动方式中核心的部分，可以说是一种操作化、具体化的教学思想，为人们提供了一个更加具体的教学行为框架，便于教师理解、把握和运用。

3. 灵活性

教学模式充分体现了某种理论在教学过程中的实际操作形式，并非针对特定的教学内容而提出的。因此，在运用的过程中必须考虑师生的具体情况、现有的教学条件、学科的特点、教学的内容等，为了体现教学模式对学科特点的主动适应性，还要不断进行方法上的细微调整。

4. 指向性

一般情况下，每种教学模式的设计都必须围绕教学目标来展开，并且其运用也具有一定的条件。因此，适用于所有教学过程的教学模式是不存在的，并且也不存在最好的教学模式。教学模式的选择必须谨慎，既要考虑其指向性，又要注意不同模式的性能和特点。

（三）教学模式建构原则

从素质教育观出发，教学的目标就是培养学生的能力和发展学生的个性。教学的本质是教学生“学”，学习的本质是学会学习；课堂教学是实施素质教育的主阵地，是师生双向活动沟通得以形成“回路”的主渠道。因此，课堂教学活动的基本任务就是挖掘学生的学习潜能——不仅仅着眼于当前知识的掌握和技能的训练，更要注重学生的能力开发和未来发展。楼房的建造，须依靠墙体或柱子的支撑；课堂教学流程的构建，也必须依赖有力的“支点”支撑。具体来看，教学模式建构原则包含以下四点：

1. 理论的科学性与实践的可行性相统一原则

一定要以科学的理论为依据建立教学模式，教学模式必须能够体现教学的本质和规律，还要反映出当前社会培养人才的特点；同时，必须以教学实际为出发点，充分结合当前国家教育教学的发展情况，进而实践，真正做到理论的科学性与实践性相统一。

2. 主体性原则

美国著名教育家布鲁纳（Bruner）在《发现的行动》一书中认为，我们应该致力于培养学生对科学知识的深刻理解，同时鼓励他们成为具有自主思考能力的哲学家。这样的学生，在他经过正规学校的教育结束之后，将会独立地向前迈进。提升课堂教学质量需要教师发挥主导作用的同时，也必须确保学生在学习过程中扮演主体角色，这是不可或缺的。学生是课堂教学的主体，是活生生的人。他们有感情、有思想，而不是没有生命、没有知觉的留声机、录音机。为了实现创新教育，教师需要树立符合新教学理念的学生观，充分尊重学生在学习过程中的主体地位，并采用多种形式和手段，以促进学生能力的主动发展，从而提高学生的整体素质。

3. 普及与提高相统一原则

建立教学模式就要服务于普及教育，所以应该将重点放在“普及型”教育模式的开发上，尤其要注意多开发一些与农村及边远地方的师资、生源和教学条件相适应的教学模式。在教育的问题上，我国都是先普及，然后再提高。以实验学校为代表的城市学校适合多开发些“普及型”的教学模式，使之成为典范。然后教师水平与教学条件逐渐提高，使得“普及型”的教学模式向“提高型”教学模式发展。因此，建立教学模式要从本地、本校的实际情况出发。不仅要适合普及的需要，也要考虑提高的需要，将普及与提高统一起来。

4. 批判继承、合理借鉴与积极创新相统一原则

科学发展的特殊之处在于历史的继承性。因此，在对教学模式的历史和发展进行研究时得出了这样的结论，即新的教学模式的形成也要吸收已经存在的教学模式的可取之处。我国自从实行改革开放以来，与其他国家的交流越来越频繁，国外的教学模式也为我国教学模式的构建提供了有利的借鉴。要在吸收借鉴的基础上进行创新，吸收已经成功的经验，吸取别人失败的教训，这样国家与国家的差距就会缩小。对历史的遗产进行批判性的继承，吸收国外有益的经验，让教学模式能够取得更大程度的创新发展，进而对现有教学模式难以解决的问题进行解决，并适应教学的需要与时代的发展。创新教学模式有两层含义：一是构建一种之前从未有过的新型教学模式，二是将过去已有的教学模式进行健全和完善。同时，创新教学模式还可以是在教学研究的领域加入其他研究领域的新的优秀成果，建立新的教学模式。因此，可以从各个角度进行创新，而且创新的程度也是各不相同的。

（四）教学模式的选择过程

教学模式的种类随着对其的深入研究日益增多，面对纷杂的教学模式，教师如何选择与教学过程相适应的教学模式成了当今社会的重点问题。其选择方式主要包括以下五个方面：

1. 教学媒体与教学模式的选择

教学媒体能够采集、存储、传递和加工教学信息，是一种在教学过程中师生都可以使用的工具和载体。师生关系随着现代教学媒体和技术的发展也发生了明显的变化，并且程度在逐渐加深。在多媒体和互联网等现代科学技术的支

持下，学生学习知识的来源已经发生了根本性的改变：从原来的一位教师、一支粉笔、一本教材、一块黑板转变成内容丰富、变化多端的多媒体；从班级授课延伸到网络学习；从填鸭式教学切换到了以学生为本的自主性、探讨式学习。

现代技术弱化了学生对教师、对课堂的依赖程度，在丰富了教师的教学方式和手段的同时，也给教师的教学行为带来了挑战，如何增强教师的授课本领以及如何选择多媒体也成为教师教学活动的新课题。

2. 学生因素与教学模式的选择

由于教学活动是师生互动的过程，所以学生和教师在教学系统中是必不可少的两个核心要素。

3. 教师因素与教学模式的选择

在教学过程中，教学的本质决定了教师的主导作用。学生在教师的指导下进行的学习和认知是教学活动区别于其他活动的重要特点，教师的主导作用主要表现在：教师应结合教学的具体内容，根据学生的特点和要求，引导学生选择恰当的学习方式；教师应根据教学内容、教学目标以及学生的个体特征选择教学组织的方式和教学策略；教师在选择教学模式时应根据教学目标的需要、社会发展的需要选择合理的教学内容。

综上所述可知，教师决定着教学组织的程序和方法以及教学系统中各要素结合的方式和程度。

4. 教学环境与教学模式的选择

一般情况下，教学环境主要包括两个方面：社会环境，主要是指生生关系、师生关系、课堂秩序、课堂气氛等多个外部因素；物质环境，主要是指教学中的空间布置、教学设施（包括桌椅、多媒体等）、自然条件（如照明）等。

在教学系统运行中，教学环境会影响教师的教学组织和教学方法，是教学活动开展的基础。例如，教师只有在具备互联网设施的教学环境中，才能选择网络教学模式。

对于教学实践而言，教学模式具有指导作用，主要负责设计其框架结构，选择科学的、合理的教学模式具有十分重要的意义。因此，教师在进行选择时必须注意两个方面。一方面是根据学习目标的性质选择教学模式。为了实现有意义的教学，教师应灵活多样地设计教学活动，根据不同类型的学习采用不同的教学模式，切记生搬硬套某种已有的教学模式。另一方面是根据教学对象的特点选择教学模式。

教师在教学活动中要侧重发挥教师的指导作用，突出强调自主学习能力的培养。因此，应根据学生的兴趣爱好、个性特点等方面进行选择。

5. 教学内容与教学模式的选择

教学内容通常是指课程、教材、教学大纲呈现的内容。在教学中，改变学生的知识、技能和态度是教学的主要目的，而教学内容则是促成这些改变的重要因素。因此，教学系统运行的根本目的和要求是将教学内容内化到学生的认知结构中。

二、高校英语教学模式改革

（一）高校英语教学模式改革的意义

高校推进新课程改革，改革高校英语教学模式是其必不可少的组成部分。因此，在高校英语教学模式改革的过程中，高校英语教师在考核学生知识掌握水平方面进行了新的探索，他们不仅注重理论知识和实际动手能力的考核，更加强调学生的综合运用能力培养，从多角度来考核学生对知识的掌握程度，这样学生能够得到更多方面的认可，从而提高其学习兴趣，促进学生的全面发展。在新课程改革的背景下，针对高校英语教学的实际情况，应该以实践为出发点，研究改进阅读教学模式，不断尝试和实践新的教学方法。

增强高等教育英语教学效果。随着全球经济的日益融合，英语已经成为一门从生活中汲取营养，最终服务于生活的科目。随着科技的飞速发展，英语已成为社会生活中不可或缺的工具，而个人英语水平的高低也成为衡量综合能力的重要标准之一。我们经常会注意到，在实际的高校英语教学过程中，总会发现一种现象：那些对英语学习充满兴趣的学生，总是能够自发地去学习课本上的理论知识，积极提升自己的英语技能，并且在日常生活中也经常运用所学知识。因此，改革高校的英语教学模式有助于激发学生对英语学习的热情，从而确保高校英语教学的有效性。

（二）高校英语教学模式改革的方向

1. 以“学”为中心

高校英语教学改革的重点之一是改革教学模式，英语教师必须改变“独角戏”的局面，要积极鼓励全体学生参与到课堂学习中，使其成为课堂的主角。英语教师应该引导学生学习，根据学生的认知规律促进其思维发展，成为他们的学习导师。采用增加课堂自主学习活动量的方式，设计具备知识性和趣味性的课堂互动环节，引导学生进行头脑风暴和实践探索，激发其创造力和好奇心，以此培养正确的学习动机。

2. 以能力培养为主

在新课程理念的引领下，高校应加强对学生英语能力的培养，使其能够自主探索知识，形成自我学习的习惯。

明确目标，激发兴趣。在英语教学中，必须确立明确的目标，促进学生思维能力的发展，激发学习兴趣，掌握高超的英语技能，以适应未来工作和经济发展的需求。

勇于开拓新领域，敢于探索未知的领域。在课堂教学中，应该进行大量的语言实践活动，以拓宽学生的知识视野，消除他们的紧张和恐惧感，同时利用有效的学习方法，以促进他们的自主学习能力的发展。

开拓各种可能性，实现全面进步。恰当地参与第二课堂活动，利用网络学习辅助工具，体验学习的多元性和高效性，为终身的学习打下坚实的基础。高等教育英语教学改革需要以先进的外语课程理念为指导，建立适合学生持续发展的英语课程体系，从而实现英语教育的整体性和开放性，促进英语教育的均衡发展。

3. 多元化学习方式

为了更好地满足学生的个性化需求并能够全面发展英语学习能力，英语教学模式需要进行改革和创新。我们必须深入研究国内外各大高校的英语教学模式，并结合本校的实际情况，努力提升英语课堂的教学质量，避免浪费教育资源。通过引导学生探究学习中的问题，设计具体的英语教学难点情境，帮助学生寻求解决问题的方法，从而获得解决复杂英语问题所需的技能，创造更加有力的学习环境。开展课外实践学习，英语教师应该给学生提供英语实践的机会，让学生能够把所学的英语知识应用到实际生活中去解决问题，丰富学生的课余英语生活，达到学以致用的目的。利用微课翻转教学的方式，将教材内容制作成视频，让学生在上课前自主学习，课堂上实现师生互动和交流。

4. 与多种评价结合

为了推动学校的英语教学改革，并提高学生的英语实际应用能力，英语教师需改变课堂评价方法，并积极探索多样化的评价方式，以便学生可以更加深入地反思个人学习情况。评价应该具有多元化的特点，能够针对不同方面进行评估。例如，学生自我评价、互相评价、教师与学生相互评价以及家长参与等方式。在进行评价时，应重视评价者和被评价者之间的沟通和互动，以便提供及时反馈并帮助学生改善其英语学习中的不足之处，以进一步提升其英语综合素质。为了多角度评价，我们必须将学生的英语成绩之外的其他方面也纳入评价标准。为了做到全面评估学生的表现，高校英语教师需要采用多种方法，来自不同方面的观察和评估，包括但不局限于课堂表现、实践活动表现以及学生在学习中的进步情况等。评估应该采用多种方法，不只局限于定量评估和笔试测试，更需要重视定性评估方法，并加强评估对于内在激励的作用，利用评估的教育功能来提升评估的重要性。

三、高校英语教学模式改革成果

（一）高校英语微课教学模式

美国圣胡安学院高级教学设计师戴维·彭罗斯在2008年创造了“微课”（micro-lecture）一词。通过视频记录教师课上课下教育教学过程中以某个知识点或教学环节为核心展开的精彩教与学活动的全过程。课堂教学视频组成了“微课”的核心内容，微课涵盖了教学主题的多个方面，包括但不限于教学设计、素材课件、教学反思、练习测试、学生反馈以及教师点评。微课是一种具有独立性、完整性、示范性和代表性的教育形式，它能够有效地解决教与学过程中的重点与难点，从而为学生提供高质量的学习体验。因此，“微课”作为一种新型的教学方式，不仅不同于传统的单一资源类型，而且在其基础上进行了继承和发展。

1. 高校英语微课教学模式应用优势

（1）不受时间限制，随时随地是课堂

当前科技快速发展，网络也遍布全球，学生在任何时间和空间都能应用网络，几乎人人都有手机，为学生随心所欲的观看微课提供了现实条件。这样学生就可以随时随地完成课前预习、课后复习、背景了解、知识巩固等各种学习内容。在通过微课进行学习的过程中也能提升学生的自主学习能力。

（2）短小精悍，针对性强

戴维·彭罗斯在 2008 年率先提出了微课一词，并且指出微课就是未来教师为了向学生传递知识点与概念制作的短视频，每段视频大概为 1 ~ 3 分钟。近些年来，我国研究微课的人也越来越多，研究逐渐深入，许多专家对微课进行了定义。胡铁生指出，通过微型教学视频对某个知识点与教学环节设计开发的新型情境化、能够支持多种学习方式的在线网络视频课程就是微课[①]。在国内外众多学者对微课的定义中可以看出，“微”是其核心，微课最重要的一点就是短小精悍。当前社会是信息化社会，众多的信息都需要人们去接收，也有更多的事情等着人们去做，学生在课下不可能会花费大量的时间去观看学习视频。而每段微课视频的时间都很短，针对的是一个知识点，并将这个知识点中所有的重点内容都呈现于视频之中，不必花费学生太多的时间，也更容易让学生清楚明白，使学生在进行课堂学习时能够拥有更高的学习效率。

① 胡铁生．微课的内涵理解与教学设计方法［J］. 广东教育，2014（4）：33 - 35.

（3）模式新颖，有吸引力

微型课程的兴起是一种创新的教学模式的探索，对于学生的学习具有极大的吸引力。它能够有效地帮助学生理解所学知识。它为单调乏味的英语学习注入了活力，使其变得生动活泼、富有多样性和趣味性。微课教学将教学内容和形式变得更加丰富多彩。在微课视频中，学生可以在不受时间和地点限制的情况下畅游世界，领略各地的独特魅力，通过有目的的图片和声音结合所要讲述的内容，激发学生对英语学习的热情，吸引他们的注意力，同时帮助他们掌握相关知识。

（4）类型多样，顺应不同的教学需求

微课操作起来相当灵活方便，按照教学需要开展各种各样的微课形式。微课可以根据教学内容性质、教学方法、使用对象、主要功能、最佳传递方式、微视频的主要录制方法等分成几种不同的种类。举例来说，微课可根据其所采用的教学方式进行分类，包括但不限于讨论、实验、探究、问题和练习等多个方面；根据最佳的信息传递方式，微课可被归为多种类型，包括但不限于活动型、解题型和讲授型；微课的类型因录制方式的不同而异，包括但不限于录屏型、摄制型和混合式等。教师必须在教学需求的基础上设计微课课程，微课虽然短小，但却凝结了教师的教学理念和设计思路。

2. 高校英语微课教学模式应用过程

（1）课前预习应用

每一位高校英语教师都应该知道学生的课前预习是相当重要的，若是他们没有更好地进行课前预习，那么课堂或许不能顺利进行，白白浪费课上的时间，最后达不到预期的效果。学生不提前预习就不能大体了解课文内容，反而要在课上花费时间，然而课上的时间是固定的，如果教师在导入主题的时候花费太多时间，那么课程重点与难点的教学就不能在课上完成，学生也不可能在课堂上进行参与及互动，只有教师一个人在课上讲。如果学生在预习时观看微课视频，那么教师在进行课程导入时就会轻松许多，学生也能够对课文有一个整体的把握，也可以很好地适应教师的授课方式。在备课过程中，教师应当提前上传微课视频，并以个人或小组合作的方式布置学习任务，这样可以充分利用教学设计，将学生思考和讨论的问题呈现在微课中，从而更好地辅助教师的课堂教学。

（2）课上授课应用

若是教师一直在课堂上讲，学生就会感到乏味无趣，时间一长就会产生注意力的转移。所以教师根据教学内容在合适的时候播放微课视频，这样既能够节省课上的时间，还可以让学生保持注意力的集中，让课堂的效率更高，学生也会对课程内容产生更深刻的记忆，并且会留给他们更多的时间去消化和吸收课堂上教师传递的知识。目前，众多高等学府的英语教师正在探索采用基于微型课程的翻转课堂授课模式。当学生按照教师的要求观看与课堂内容相关的微课视频时，教师可以借助翻转的方式在课堂上实施教学，从而使学生成为课堂的主角，实现其在课堂中的主导地位。

（3）课后巩固应用

及时总结和检测当堂课的内容，是一项至关重要的任务。通过微课的形式，学生可以在课下进行回顾和反思，从而确保他们真正掌握知识内容，事半功倍。

3. 高校英语微课教学模式应用事项

（1）目标明确，主题分明

过多的目标可能会导致微课在课堂教学中变成一种被压缩的形式，从而使微课失去了其真正的意义，成为一种空洞的形式主义。因此，在高校英语教学中引入微课教学的教师必须认识到，微课的成功与否取决于教师是否能够巧妙地将其融入教学过程中，从而提高学生的学习效果。

（2）把握时间，不宜过长

许多英语教师在微课设计中感到困惑，因为他们未能真正理解微课的本质，导致设计过程繁琐且耗时过长。微型课程的学习时间应当精准把握，一般不超过 1 ~ 3 分钟，也可适当延长至 5 分钟，过长的时间可能会对学生的学习效果产生负面影响。随着微课的兴起，许多英语教师开始尝试将其应用于自己的教学中，然而在初期，由于对微课的了解不足，他们错误地将其视为课堂教学的微缩版，导致超过10分钟甚至20分钟的微课被录制下来，时间过长，内容过多，无法真正实现微课的效果。微课教学视频的时长应当控制在不超过10分钟的范围内，这样不仅能够全面深入地讲解一个知识点的内容，同时也能够避免对学生造成过长的学习时间负担。

（3）结合教师教学，给学生启发与思考

虽然“微”是微课的核心内容，但是教师设计制作微课时也要花费不少的时间与精力。微课视频的每一段都蕴含着教师的教学哲学。因此，教师需要进行全面的设计，以任务为导向、问题为导向、反馈为互动方式，以确保学生在完成微课学习后能够获得知识。微课是一种高度灵活的教学工具，它不仅可以为教师提供教学辅助，更可以帮助学生提高自主学习和思考的能力，从而为学生的生活和学习带来更多的帮助。

微课的引入为高校英语教学注入了新的活力，使得教师在完成教学任务时更加得心应手，同时也有助于学生拓宽知识面、激发学习热情。此外，微课的广泛应用对高校英语教师提出了更为严格的要求，教师在设计和制作微课时必须进行全方位的思考和反复的修改，以确保微课与课堂教学完美地融合在一起。目前我国很多高校都已经开始使用微课作为辅助教学材料。教师应当全面掌握微课的概念和特点，深入分析高校英语教学所面临的紧迫问题，并运用微课来开拓高校英语课程的教学思路和方法。

（二）高校英语多维互动教学模式

1. 多维互动教学模式核心内涵

多维互动教学模式的核心在于“多元”，它涵盖了多种与教学相关的因素，这些因素共同构成了教学过程中的多元维度。多维互动教学模式的核心内核涵盖了以下四个方面的要素：

首要之务在于构建一个多元化的互动主体体系。在多元化的互动教学模式中，教师和学生都扮演着信息传递和接收的角色，在整个教学过程中，他们之间不断进行交流和互动。其次，将多元互动元素融入其中。在学科教学中，不仅需要将更多的学科知识和技能融入其中，还需要融入更多情感交流的元素，以促进师生之间的全面了解，从而为教学互动打下坚实的情感基础。再次，创新多维互动方式。在多元化的互动模式下，教师可以利用现代教育技术和多媒体平台进行教学，引领教学内容从听觉和视觉两个方面进行全方位的立体化，从而帮助学生获得更加直观、形象、完整和系统的知识和技能。最后，拓展多维互动教学形式。在教学过程中，教师与学生可以采用多种互动方式，如对话、提问、小组活动、情境交际等，以交流、探讨、合作等方式共同完成教学任务和活动。

2. 高校英语多维互动教学模式的应用

在高等教育英语教学领域，多维互动教学模式与传统的教学方式存在着显著的差异，其教学范围更为广泛，涵盖了三个主要维度。第一维度，在教学过程中，涉及多种相关要素之间的相互作用，其中包括教师和学生这一人类要素，以及教具、教材、教学手段和教学物质环境等物的要素。这些元素相互交织、相互牵制，形成了一种错综复杂的关系。第二个维度涉及课堂教学和课外学习之间的相互作用，二者通过线上线下的作业练习和活动相互衔接，形成一个完整的整体，而课外活动则是课堂教学的拓展和延伸，有助于巩固和加强课堂学习内容。第三个维度涉及英语学习和专业知识之间的相互作用。教师应当致力于将相关专业知识渗透到教学过程中，以加强英语学习和专业知识之间的紧密联系，从而让学生深刻领悟英语的实用价值，并提高他们对英语学习的兴趣和意愿。

在高等教育英语授课中，上述三个维度的内涵是相互交织、相互渗透、不可分割的关系，恰当地协调这三个方面的关系，将有助于学生获取更为丰富的知识。提升技能水平，有助于达成高校英语教学目标，从而更好地满足国家对人才的需求。

（1）构建课堂教学中多维要素的交叉互动

在教学过程中，教师首先通过口语展示，引导学生进入教学主题，接着进行重点单词和短语的讲解，边讲边练，接着对课文的重点语法进行深入的讲解和分析，学生在理解的基础上进行分组讨论研究，最终通过课外作业的延伸，拓展了课堂教学。在多维互动教学模式中，现代教育技术和多媒体教学设施的应用具有至关重要的意义，教师不仅需要熟练运用PPT演示来讲解教学内容，还需要在PPT中巧妙地搭配丰富的音视频教学资料，构建立体化的教学展示内容，从视觉和听觉两个方面引导学生进行全方位的学习和互动。实现全方位的互动，包括师生互动、生生互动、人机互动等多个方面的互动，以满足不同的需求。在整个课堂互动交流环节中，教师可以组织各种形式的活动，如小组讨论、角色扮演、情境对话等，从而实现教与学之间的双向信息传递。在这个过程中，必须始终坚持以学生为中心，而教师则是这些活动的策划者、引领者和评估者。为了使教学活动能够顺利进行，必须对课堂结构及教学策略进行调整与改进，从而构建起一种全新的高效英语课堂模式。以激发学生的学习热情为起点，通过鼓励学生积极参与、反复训练，提升他们的英语听说和沟通技能，最终达到提高英语实际应用能力的目的。

（2）构建课堂教学与课外学习的循环互动

多维互动教学模式的第二个维度，涉及课堂教学和课外学习之间的相互作用。在课前，教师可以布置一些小任务，让学生就所学内容或话题进行小组讨论，随后每组派遣一名学生在课堂上汇报小组讨论的内容和提出的问题，教师在教学过程中对这些问题进行回应，以此来激发学生的课堂学习热情。在课堂教学中，教师应当以学生的练习为基础，通过边讲边练的方式，激发学生对所学知识的消化和吸收能力。在课后，教师可以安排各种延伸练习，如绘制思维导图、录制英语互动小视频、为电影片段配音、角色扮演等，这些活动不仅可以拓展教学内容到课下，还可以巩固所学内容，同时也有助于培养学生良好的学习方式。

（3）构建英语学习与专业知识的良性互动

许多大学生缺乏对英语学习的热情，这是因为他们认为英语学习与自己的专业发展无关，或者在未来的职业生涯中毫无用处。为此，教师可以将与学生专业相关的知识融入英语教学中，如对应于专业术语的英语词汇和英语表达，或者设计真实、典型的职场沟通情境，为学生搭建英语学习和职业发展的桥梁，甚至可以引导学生用英语分析和解决工作中的实际问题等。在高校英语教学中，通过促进英语学习和专业知识学习的互动，不仅有助于巩固学生的专业知识，同时也能够激发学生的学习热情。从另一个角度来看，这一措施有效地缩小了学生与英语课堂之间的距离，从而显著提高了英语课堂的教学效率。

第三节　高校英语教学方法改革

一、关于教学方法的基础介绍

（一）什么是教学方法

教学方法的完整表述方式应当反映出其与教学目的、教学内容之间的内在本质联系以及师生双方的关系，还需考虑到“方法”这一概念中所规定的因素，即方法是由一系列活动方式、步骤、手段和技术所构成的综合体。因此，在教学过程中，教师和学生共同参与的一系列活动方式、步骤、手段和技术的综合体，旨在达成特定的教学目标。

以上教学方法的定义主要是就教学活动的过程而言的，是从活动过程来探讨教学方法的本质，属于教学方法的“过程的本质观”。但是要揭示教学方法的本质，除了从过程这一角度加以探讨外，还应从结构的角度来加以探讨，阐明教学方法的“结构本质观”，从而在总体上全面地把握教学方法的本质。

教学方法的架构由多个子系统构成，其中包括语言系统、实物系统、操作系统和情感系统等，这些子系统相互协作，共同构成了教学的基础。语言系统在讲授、谈话、讨论读书指导等教学方法中是必不可少的。实物系统是一种由自然实物和人工实物两个要素构成的教学工具，其独特的形象性、具体性、直接性和真实性等特点，使其成为各种教学方法获得直观效果的不可或缺的前提。操作系统的主要价值在于塑造学生的技能和技巧，培养他们的习惯，并促进他们在实际应用知识方面的能力发展。情感系统是指教师和学生在教学过程中通过各种手段所造成的，以引导师生在情感上发生变化的某种场景和气氛，有利于学生感知、体验和认识。

因此，也可以说，教学方法是为达到教学目的，实现教学内容，由语言系统、实物系统、操作系统和情感系统所构成的师生双方相互作用的活动系统，它应包括教师教的方法和学生学的方法。

（二）教学方法的分类

从不同的角度，按照不同的分类方式可以将教学方法分为不同的类型。比较常见的有以下七种分类方式：

1. 根据教学方法实施主体的分类

“教”的方法与“学”的方法按照实施主体的不同，教学方法分为教师的“教”法和学生的“学”法。对于教法和学法这两种分类方法，其区别在于前者包括讲授、演示等，而后者则包括听、记、练习、观察等。然而，我们未能发现它们之间的内在联系。

因此，学者们在“以学生为主体”的教育教学理念指导下，从“学”的方法的分类导出与之相应的“教”的方法，即模仿的学习方法——示范教学方法；抽象概括的学习方法——概括教学方法；解决问题的学习方法——求解教学方法；逻辑推理的学习方法——推理教学方法；总结提高的学习方法——反馈教学方法。这种分类法则将学法与教法有机地联系起来，避免了两者的分割。

还有学者根据教和学在不同的教学活动中的地位与作用，将教学方式归纳为以教师为中心的学习模式，包括但不限于讲授、提问和论证等。在这种情况下，教师和学生之间的交流是单向的，也就是说，教师对学生的单向沟通；通过班级讨论、小组讨论、学习等方式，促进师生之间的互动与交流，实现相互学习的目的。该方法利用学生和教师之间的信息交流，特别适用于认知领域高水平的学习（包括分析、综合和评价）以及情感领域的学习，具有显著的效果；采用个性化的学习策略，如程序化教学、单元化教学和计算机化教学等方法。这一类学习方法能够根据学生的学习速度进行灵活调整，提供有条理、及时的反馈信息，以推动学习进程。

2. 根据教学方法所属的不同层次分类

通过对我国教学理论中各种教学方法的分析、比较和概括，我们可以发现，这些方法具有三个不同的层面。

（1）原理性教学方法

其最显著之处在于为具体的教学方法提供了理论上的指导，然而其本身并不具备实际可操作性。

（2）技术性教学方法

学校所采用的各种授课方式，包括但不限于讲授法、讲述法、讲解法、讲演法、谈话法等，均适用于各科目或多个科目的授课。

（3）操作性教学方法

这是一种特殊的教学方法，适用于特定科目的教学，包括技术课的工序教学法和外语课的听说教学法等，其基本固定的程序和方式与各科目的教学内容相结合，一旦教师掌握，即可立即操作应用。

3. 根据掌握知识的基本阶段和任务分类

在前苏联传统的教学理论中，教学方法被划分为三个主要类别，即采用能够激发学生积极感知和理解新教材的教学方式；采用巩固和提升知识、技能和技巧的授课方式，以加强学生的学习效果；对学生的学识、技能和技巧进行评估。

4. 根据教学方法的形态分类

在我国的教学理论中，有一种常见的分类方式，它以学生认知活动的不同形式为分类标准，主要采用以语言传递为核心的教学方法，包括但不限于讲授法、谈话法、讨论法、读书指导法等。采用直观的演示方式进行教学，其中包括演示法和参观法。教学实践中，可采用多种方式进行训练，包括练习、实习和实验等多种方法。采用情境化的授课方式，以促进学生的情感体验。

5. 根据学习的不同结果分类

根据学生的不同学习成果，可以将教学方法分为促进学生明确概念的教学策略。创新教学方法，引入新型或不同种类的教材。传授学生正确的操作方法的教育技巧。能够对学生的态度、思想、鉴赏力产生影响或改变的教学方法。创造一种教学氛围，使学生感到稳定和安心。引发学生学习兴趣的教学方法。衡量学生在学习中取得进展的手段。教学中采用的方法可以激发、引导或缓和情绪。

6. 根据学生认识活动的特点分类

这是苏联对教学方法所作的一种分类，它将教学方法分为图例讲解法（也称信息接收法）、复现法、问题叙述法、局部探求法、研究法。

7. 根据活动过程的分类

教学活动的过程涉及引发、调整和控制三个关键因素，而教学方法则可被划分为三大类：组织和实施教学认知活动的方式（知觉、逻辑认知和实习）；激发和塑造学习动机的方式（激发兴趣和承担责任）；检查方法（口头的、直接的、实际操作的）。

根据教学方法形态的分类，我们可以将教学方法分为五类，分别是以语言传递信息为主的方法、以直接感知为主的方法、以实际训练为主的方法、以欣赏活动为主的方法以及以引导探究为主的方法，这些分类考虑了教学方法的外部形态以及学生认知活动的特点。根据学生对认知活动的不同表现形式，可将教学方法分为四种主要类型：以语言传递为核心的方法（演讲、交谈、讨论和阅读指导）；采用以直接感知为主的技术手段，包括演示法和参观法；采用以实践为主的训练方式，包括练习和实验两种方式；以熏陶心灵为核心的方式。

二、高校教学方法的特殊性研究

为了实现教学目的，教师和学生采用了一系列有序的活动方式，这些方式构成了教学方法的综合体。随着知识经济的崛起和现代教学技术手段的广泛应用，我国和世界各国在教学方法改革实践中涌现出一些具有显著影响力的教学方法，代表了当今教学方法改革的水平和趋势，并且已经取得了一定的成效。它们包括启发式教学法、案例分析法、探究式教学法、问题教学法、情境法、多媒体辅助教学法、讨论式教学法、研究性学习法等。这些授课方式在理论基础、指导思想、实施步骤、应用手段、技术手段以及适用范围等方面均呈现出独特的特点。尽管这些教学方法在形式、特点和效果上各有不同，但通过对它们的表现形式进行分析，我们仍然能够发现它们之间存在着一些共性特征。对于这些代表不同国家教学方法发展水平的方法进行科学分析，将有助于我们更深入地理解、掌握和应用这些方法，从而更准确地把握现代教学方法的本质属性，进而推动我们进一步地深化教学改革，提升教学质量。

高校教学方法相较于普通教学方法主要有两个特点：一是专业教育的特点，二是高校学生身心发展状况的特点。

高等教育机构的授课方式呈现出独特的学科属性。现代社会各行各业所需的专业科学文化知识和能力，是高校学生必须掌握的。它既要求教师具备一定的专业知识、技能以及良好的职业道德修养，又要求教师有很强的创新能力，能把新思想、新思维运用到实际工作中来。高等教育机构的教学活动处于社会和科学发展的最前沿，是在不断探索和实践科学发展的过程中不断推进的。因此，高等教育的授课方式既具备高度的专业性和针对性，同时也蕴含着探索的精神。

高校教学方法具有显著的学科特色，这主要表现在学科研究方法上。例如，科学思维方法、理工科实验法以及结合学科特点和任务进行科学训练的方法，这些因素都影响着高校的教学方式。高等教育学生具备一定的知识和智力水平，随着课程的深入，高等教育的教学方法也不断受到学科研究方法的影响和渗透，从而得到了进一步的提升。

高校教学方法具有研究方法的性质。高等学校的教学方法又是一种特殊的认知方法，具有科学方法的性质。高等学校的教学过程是一种独特的认知过程，它不同于科研过程，也不同于单纯的学习过程，而是学生以教师指导为主导，通过学习和发现相结合的逐步过程。科学方法在实现学习任务和促进学习向发现转化上具有不可或缺的作用，只有在遵循科学方法的前提下，才能更好地实现学习与发现的结合。

高校学生已逐渐成熟，他们不再仅仅是吸收知识和培养基本技能，而是需要深入了解科学发展的过程，并掌握科学研究方法和思考方式。因此，高校教学方法需要更加接近于研究方法。在高校教育中，科学研究方法和手段的创新是重要的，但不是唯一的前提条件，更重要的是教师应该注重培养学生的创新思维和实践能力，这样才能真正把先进的知识和技术传递给学生。因此，高校教学方法必须遵循科学方法，以科研成果为指导。高校教学方法的改革已经有了新的突破，这归功于科学方法的应用。由此，我们可以得出结论，高校教学方法具有科学研究方法的特点。

三、高校英语教学方法实施与改革

（一）任务型教学法

1. 概念阐述

任务型教学法是一种以学生为中心的教学方法，通过设定任务并引导教师有效地完成教学任务，教师在其中扮演着至关重要的角色。通过采用这种教学方式，学生可以获得优秀的学习体验，更好地理解相关理论，并且还能为学生提供一个良好的交流平台。在任务分配过程中，通过引入趣味性元素，吸引全体学生的积极参与。此外，多媒体技术和小组合作等教学手段的运用，使得传统的英语教学模式得到了改变。在任务完成过程中，学生们通过相互协作或在教师的指导下解决问题，从而培养了他们的协作和应变能力。这种教学方式因此受到了当前教育教学领域的高度重视。

2. 实施意义

（1）有利于激发学生的内在动力

任务型教学法在英语教学实践中的应用，不仅能够激发学生内在的学习动力，同时也能够促进学生在学习过程中的成长。英语教师在运用任务型教学方法时，以实际任务为起点，引导学生探究学习的相关任务，将学生划分为多个小组，每个小组负责一个学习任务，以促进学生之间的交流互动，有效分析学习期间的问题和不足，提高学生交流互动效果，提高学生解决问题的能力。

（2）有助于增强学生语言能力

通过正确实施和应用任务型教学法，英语教学能够有效提升学生的语言技能。在传统的课堂教学中，语法教学被赋予了更高的重要性，而任务型教学法和语法教学方法则具有更为广泛的应用前景。通过采用任务型教学法进行相关知识的讲解，教师不仅能够引导学生提高语言技能，同时也能够间接地培养和提高学生的交际能力。任务型教学法强调以学生为中心，鼓励所有学生积极参与基于任务型的英语学习和语言教学活动，从而不断提升学生的交际能力和学习素养。此外，在英语教学过程中，教师采用任务型语言教学的方式，能够激发学生主动运用英语进行交流的意识，从而更有效地提高学生的学习效率。

（3）有益于营造积极的学习环境

在英语教学过程中，以学生为中心的任务型教学法是一种突出学生在课堂学习中的主体地位的教学方式，同时也为学生提供了一个有益的学习环境。教师在课堂教学中扮演着推动学生有效学习和实践的重要角色，为其提供必要的支持和协助。相较于传统的课堂教学环境，采用基于任务型教学的英语课堂教学环境能够更好地激发教师的合作精神和促进作用，从而提高教师的教学水平和效率。任务型教学法注重以学生为中心，因此在学习过程中，学生可以通过参与学习材料中呈现的真实任务，扮演团队协作和监督的角色，从而获得独特而深刻的学习体验，促进学习能力的提高。教师普遍认为，在英语教学中采用任务型教学法，不仅可以激发学生的学习热情和主动性，还能引导学生积极参与学习过程，培养学生的自我意识和自我认知能力，从而提高他们对学习的正确理解。

3. 存在问题

（1）实施障碍

在高校英语教学中，任务教学法的难点在于教师需要在任务设计过程中巧妙地融合语言形式和意义，以创造更多的交流空间，然而，有些教师设计的任务难度较高，因此学生在学习过程中感到相当困难。在实施另一种任务教学法时，必须让学生置身于自然环境中，才能够充分发挥他们的表达能力，否则可能会对他们的语用效果产生不良影响。然而，由于班级中学生的口语水平存在很大的差异，因此在实施这种方法时可能会遇到一些困难。除此之外，还有一些教师会定期举办英语沙龙或英语角等活动，旨在为学生提供更多交流的机会，但是有些活动并没有达到预期的效果。

（2）实施问题

大学英语的主要教学内容包括语法、词汇和词组，但是这三个部分的教学之间的衔接不够紧密，同时教师也没有充分考虑学生的个体差异，导致一些基础较差的学生难以跟上学习进度。虽然任务教学法已经被一些高校采用，但是在实施时仍然存在问题。具体而言，小组成员的学习兴趣有所不同，有些学生在完成任务过程中缺乏参与意识，甚至可能导致学生失去学习兴趣。因此，教师需要根据学生的特点合理调整教学措施。另一方面，因为小组交流活动中师生问题讨论以汉语为主，学生的英语口语进步缓慢，所以教师应该鼓励学生尽可能地使用英语来表达。

4. 改革路径

（1）前期任务

在任务开始前，老师需要确切地指出以下几点：首先，学生需要提前预习课文内容，如通过查阅字典或网络来掌握生僻词汇；其次，学生要能够理解那些意思相似但表述方式却大相径庭的中文句子。在进行课文阅读理解时，必须先掌握单词；或者说，只有掌握了单词，才能进行课文阅读理解。在课堂学习中，以竞赛打分的方式对每个小组成员的任务完成情况进行评估，并将这些评分计入期末考试的总成绩中。在任务教学过程中，为了更好地发挥学生的潜力，教师应根据学生的性格、英语成绩和表达能力等因素，合理地将学生分成 4 ~ 6 人的小组。

在任务布置的过程中，教师需要引导学生通过主动学习来获取语言知识。在这个阶段，教师需要帮助学生明确任务和目标，让他们通过查阅书籍或网络资料，或者小组成员之间交流分析阅读材料的背景和相关语言知识来获得知识。在教学过程中，教师可以先让学生小组讨论分析文章的主要内容，然后通过资料搜集初步认识文章中的生词和语法。接下来，要求小组成员收听材料的录音，感受语境。完成前期任务后，学生不仅能够解决生词问题，还可以掌握整体学习方向，这对于培养学生的逻辑思维能力和总结能力非常有帮助。

（2）中期任务

在任务教学法的应用过程中，学生需要完成的任务或项目的确定至关重要，而教师则需要发挥引导作用，帮助学生分析任务，并根据小组的技能、英语知识和项目难度，提供可行性建议。一般情况下，教师会以学生的自愿为原则，将其分为4～6人的小组，其中每个小组需要选出一名组长负责资料搜集。在这个过程中，教师可以指导学生查阅英语语法文献、英美文学名著或英文报刊。接着，学生需要收集语用项目中的语法和语句，并对该语法项目的具体利用进行分析，最后制作成课件。

学习过程应该以学生自主阅读、小组讨论、分析和总结为主，同时小组成员之间也应该积极交流心得体会。在学习结束后，每个团队成员需要用英语写出自己的学习小结，最终由组长汇总成小组的总结报告。在执行任务的过程中，必须明确学生的主导地位，注重培养学生的自主学习能力，课堂教学环节需要融入学生自己的解释和评价，由教师进行评估。使用这种方法，教学目标和教学内容会巧妙地融入各种不同的任务中，不易被察觉。

在教授课文时，老师可以采取多种方法：一是通过视频导读，重点展示学生所需收集的资料，这有助于学生掌握文章内容，同时老师也需要明确提出需要询问的问题，如让学生了解中外交流的差异，或者简要概括某段文字所描述的生活场景。二是在课文阅读环节中，要求学生结合课件构建出相关场景，并重点掌握相关词汇和对话，同时对语法进行扩展。接下来，让学生以小组讨论的形式预习有关语法，并设计出类似的情境和对话，以加深对语法的理解。三是在语言运用的环节中，可以采用分角色表演的方式让学生运用新学习的词汇和语言知识，并通过对应资料的人物或语言表述来进行实践。通过这样的课堂教学，学生可以得到锻炼，深入理解英语文化。

（3）课后任务

任务教学法的实施不仅在课堂上需要教师的关注，而且在课后的教学过程中同样需要教师对学生的学习情况进行评价。教师应该帮助学生回顾课堂学习的重点内容，指导学生进行自我反思，以便学生能够向教师表达自己的真实想法。学生还可以一起讨论本节课的内容，分享彼此的学习心得，并讨论本节课中的重点和难点知识，以便教师提供更个性化的指导。教师应该注意学生的个体差异，积极鼓励表现优异的小组和个人，以促进小组之间的竞争与合作。在任务教学法的实施中，教师需要采用更加科学的评估方式。教师需要根据任务的不同阶段、内容和进度进行全面评估。小组可以选择不同的形式，如现场演讲、展示 PPT、话剧表演等，用英语展示他们的研究成果。教师可以根据学生的研究方法和途径提出问题，其他小组的学生也可以根据自己的兴趣自由提问、相互交流。最后，教师会根据学生的任务完成情况作出全面评估。评价过程中需要将学生作为评分的主体考虑进去，这样评价就不再是单纯的分数高低，而是能够全面地反映学生的学习情况。

（二）情境式教学法

1. 概念阐述

情境教学的初衷在于通过演示、实物展示、举例说明等多种方式，以达到对知识进行解释和说明的目的。在进行教学活动时，教师将教学内容与学生的实际生活紧密结合，以激发学生的情感体验，从而在唤起学生情感共鸣的同时激发他们的思考。在高校英语教学活动的组织中，教师以具体的教学目标为起点，通过创造相关的情境或故事，以生动真实的表述方式或呈现方式唤起学生内在情感的认知，从而使学生在特殊的语言情境中理解学习课堂内容，最终推动其语言能力的发展。

2. 实施意义

（1）利于课堂氛围活跃

情境教学能借助情境帮助学生深入了解国外的风土人情，从而拓展学生的视野，逐步提高英语课程的学习兴趣。在兴趣的驱动下，学生的学习主动性也会显著提升，从而在新知识的学习和吸收过程中更加积极主动。

（2）利于学生知识吸收

英语不仅是一门实用性语言，同时也是文化的重要体现，为了确保学生能够充分掌握这门具有文化艺术特色的语言，教师需要引导学生深入了解其中蕴含的文化内涵。为了促进学生与外国友人之间的良好交流和沟通，英语学习的首要任务是帮助学生深入了解英语所蕴含的文化内涵。因此，采用情境教学方法可以最大限度地还原课文所描绘的场景，从而让学生直观感受英语文化和所蕴含的内容，同时帮助他们更好地掌握文章内容和具体应用表达方式。

（3）强化学生实践能力

在高校英语教学中采用情境教学方式，强调了学生作为课堂主体的重要性。在应用情境教学方式的基础上，通过对现实情境进行有效的模拟，有助于学生更好地理解和掌握基本理论，从而逐步强化所学知识的应用能力，同时保障学生的理论知识转化为实践，实现知识的升华。

3. 存在问题

（1）情境教学中评价不够多元化

通过实施情境教学，教师能够为学生创造一个融洽而轻松的英语学习环境，从而更好地培养学生在英语方面听、说、读、写能力。同时通过创设良好的语言环境也有助于提高课堂教学效率，激发学生的兴趣，让他们感受到英语教学带来的乐趣。因此，情境教学应当贯穿于整个课堂，而不仅仅是在教师传授教材知识的过程中体现。

（2）情境创设与学生实际经验严重脱离

许多高等院校的英语教师在构建相关情境时，未充分考虑学生已掌握的知识结构和生活经验，导致情境的构建与学生的实际经验严重脱节，无法有效吸引学生的注意力，从而严重削弱了情境教学的效果。

（3）情境教学应用缺乏全面性

在高校英语教学中，部分教师在进行情境教学时，仅在课堂导入、课文讲解或语法练习等环节进行应用，而极少数教师则在课堂结尾或课后延伸环节进行，导致情境教学方法无法贯穿于整个教学过程，从而使得情境教学在高校英语教学中的应用缺乏全面性。

4. 改革路径

在高等教育英语授课中，教师可以运用多媒体技术，拓展情境教学法在实际授课中的应用途径。在进行词汇教学时，教师可以运用图像展示的方式，引导学生通过形象的图像理解和记忆单词，同时借助相关的音频和视频资料，为学生创造相关的情境，从而启发和引导学生。另外，教师还可通过将英语歌曲等融入英语课上，帮助学生更好地学习英语。教师亦可以运用多媒体技术，获取与课堂内容相关的网络资源，向学生展示最新的知识热点和方向，从而培养学生将所学应用于实际的能力。在课堂教学中融入了多媒体，不仅能够增强英语语言学习的趣味性，而且还会提高英语课程的教学质量和效率。在应用多媒体的情境教学法时，教师能够突破时间和空间的限制，使其呈现形式更加多样化，同时也能够使情境教学的应用形式更具时代性和丰富性。

（1）利用多媒体创设真实的情境

情境是一种具有特殊作用的环境，它能够唤起人们内心深处的情感共鸣，从而营造出一种独特的景象和境遇。因此，在高校英语教学中，教师运用多媒体技术为学生构建具体的教学场景，以激发学生的情感共鸣，从而有助于学生快速准确地理解和掌握课堂教学内容，同时促进其心理功能的全面发展。教师可以运用多媒体技术，向学生展示真实生活场景中的图片或视频资料以及与教学内容相关的真实信息，从而帮助学生更好地理解知识内容，并在课堂上进行知识消化和吸收，以达到优化课堂教学效果的目的。

（2）运用情境教学开展高校英语词汇教学

在英语教学中，学生的语言运用能力的培养是至关重要的，而英语词汇的学习和积累则是构建学生英语语言应用能力的基石。当前，高等教育中的英语词汇教学目标已经演变为培养学生在具体情境中灵活运用单词的能力，而非仅仅让他们简单地理解和掌握其含义。在此背景下，教师需对词汇教学的方式进行创新和调整。词汇教学可以采用情境教学法，这是教师可以运用的一种教学方式。情境教学法就是利用一些具有一定情感色彩的场景来激发学生学习英语的兴趣，从而帮助他们更好地记忆新词。为了让学生在课堂中更好地参与角色扮演，教师可以根据本节课的新单词，精心准备相关的图片，并利用这些单词为学生编写情境对话。在这一过程中，教师需引导学生探索并实践新词汇的运用，以促进其语言能力的发展。如果学生在单词的运用方面不会对正常的交际产生任何负面影响，那么教师将不会采取任何纠正措施，而是给予学生更多的自由发挥空间，以增强他们的学习自信心，让他们敢于表达并愿意表达。教师可以在课程活动结束后，对学生进行分组，并安排小组任务，要求学生根据所学单词构建简单的情境对话或情境故事等，以促进学习效果。为了确保每个小组都能积极参与此项活动，教师需要对作业形式进行调整，以便小组能够以纸质版作业的形式提交，并对小组的活动进行充分的评估。在这种情境式的单词学习方式下，学生不仅能够以兴趣为驱动学习和掌握单词，同时也能够有效地改变单纯死记硬背的学习方式。

（3）运用情境教学促进高校英语口语练习

情境教学法在口语课堂教学中的应用，为学生提供了丰富多彩的口语练习场景，从而满足了学生多样化的需求，教师的教学效果显著。在此基础上，教师应当具备现代化的教学理念，充分利用现代信息技术为学生提供更为丰富的学习资源，并为学生构建相应的口语表达场景。在单元课文的授课过程中，教师可以设计相应的课件，并融入口语教学活动，以口语的方式向学生传授语法结构、翻译等知识。借助一些学习工具，学生可以通过分析软件中的情境图像和例句，进行口语练习，从而提高口语表达能力。此外，还可以组织课堂活动，引导学生积极参与课堂教学当中去，从而促进学生语言能力的提高。通过运用情境教学法和现代信息技术，学生口语的流畅性、准确性和复杂度均得到了显著提升。

第四节　高校英语教学评价改革

一、教学评价理论概述

（一）教学评价内涵

现阶段，教学评价属于教学活动中不可缺少的组成部分，一般情况下是指对相关事物价值高低的有效判断，主要包括对事物“量”以及“质”的描述和在此前提下进行的价值判断。

具体来说，教学评价首先是一种专业化的价值判断活动，主要是对客体符合主体需要程度情况的合理化判断。把评价用在教学过程中，则产生以及发展出了教育以及教学评价。所谓的教育评价，即对教育活动可以满足社会需要以及个体需要的具体程度作出详细判断的活动，并对相应的教育活动存在的现实性价值或者是潜在性价值作出科学化判断，从而实现教育价值增值目的的过程。其次，教学评估的内容涵盖了学生的评价、课程的评估、教师的评估、学校的评估、教学的评估、教育机构的评估、教育内容的评估、教育目标的评估、教育管理制度的评估、教育教学方法的评估以及教育管理的评估等方面。

（二）教学评价原则

教学评价作为一种特殊的社会现象，其自身也存在着一些特定的原则。在进行教学评价时，评价者必须严格遵守一系列基本的准则和规范，以确保评价结果的准确性和可靠性。

1. 整体方向性原则

教学是教师与学生之间互动的过程，它不仅传授学生知识，更重要的是激发学生的思考能力和创造力，促进其全面发展。教学过程的各个组成部分，如教师、学生、教材、设备等，不仅独立起作用，还相互交织、相互影响，共同构成了一个整体性的功能。因此，在进行教学评价时，必须全面系统地分析和评价影响教学质量的多种因素及其相互关系，抓住主要矛盾，以确保评价结果的准确性和可靠性。在确定指标时，要全面考虑教学过程中的各种因素，分析它们在教学中的地位和相互关系，并根据它们的作用和效应来确定指标及其相应的权重。在对教育进行评价时，需要关注教师和学生之间的互动、知识技能和能力的传授以及智力的提高，教学和教育之间的关系是否得到恰当的处理。在评估时，需考虑教学计划是否符合学生的认知模式以及教师、学生、教材和设备之间的协调程度是否达到了最佳状态。

教学评估必须遵循党和国家的教育方针，遵循国家制定的课程计划和标准，以国家正式审定的教材为基础，以评估结果来推动教学朝着正确的方向发展，促进学生全面发展。评估教学的效果应该是全方位的，要体现出教学目标的导向，不仅要评估学生知识和技能的掌握情况，还要评估他们的智力发展和道德素质的提高情况。需要对教师在课堂教学中的表现进行评价，同时也需要评估学生的参与情况。评价教学的同时，需要综合考虑是否面向全体学生，是否全面完成了课程标准规定的教学任务以及是否达到了课程计划中所设定的培养目标。

2. 科学客观性原则

教学评价必须在科学的基础上建立，具有可信度和可靠性，并且必须经过充分的科学验证和科学方法的支持。教学评估应当以正确的教育理念和教学方法为基础，遵循课堂教学的规律和原则，同时适应深化课堂教学改革的需求和各学科的特殊性质。在构建教学评价指标体系时，必须基于相应的理论基础，并确保每个指标项目具有明确的科学含义且相互独立。在制定评价标准时，需要兼顾指标的理论基础和实际操作的可行性。教学评估的方式应该追求科学和全面，这是非常必要的。在进行评估时，应当结合教学目标和管理要求，关注教学过程中的人员配备以及教学计划的设计、备课、上课和作业批改等方面。在收集和处理信息时，必须确保信息的全面性、客观性和公正性，并且要特别关注信息的可靠性和合理性。

教学评估必须以客观的、实事求是的态度进行，以真实反映被评估对象的价值为目标，不能受个人主观臆断或情感的影响。在建立评价指标体系时，必须进行详尽的调查研究，广泛征询教师的看法，以确保评价指标体系最大限度地反映教学实际情况。评价者必须对评价指标体系和指标的定义有深入的了解，并严格遵循标准进行评估。在确定评价标准时，不能因为偏袒某个评价对象或者排斥另一个评价对象，而将不应该纳入考虑的条件也一并列入。一旦确定标准，便不容许人轻易更改，若能保持客观的教学评价，必能激励教师与学生的教与学。如果评价缺乏客观性，那么就会打击师生的积极性。教学评价的客观性原则是至关重要的，因为它直接影响评价结果的准确性。

3. 目的可行性原则

教学评价实际上是对教学质量进行客观评估的工具，每一次评价都是为了提高教学效果而进行的。进行评价时必须明确目的，每次评价都必须有特定目标，评价不能毫无目的地进行。评价标准的选择和实施方式，均由评价的具体目的所决定，这一点不容忽视。由于教学是一项有目的的活动，所以在评价过程中，不能随心所欲地按照自己的意愿和方式进行，而是应该根据自己的喜好和需求进行评价。

教学评估应当以本地的实际教学情况为基础，评估的内容、计划、标准、技巧等必须适应当地的具体条件，并且能够得到实施。在制定评价指标体系时，应该充分考虑当地教学实际水平，以确保评价的有效性，避免因过低的实际水平而失去评价的意义。如果教学评估过于苛求，就会导致绝大多数教师感到沮丧和失落，难以保持对教育事业的热情和有动力的教学。评估方式应该是简单易行的，以便于教师、教学研究人员和学校领导更好地理解和掌握。

4. 评价和指导相结合原则

对于评价对象已完成的行为，评价是一种基于特定原则和标准的肯定或否定的判断方式，旨在为被评价者提供启示和教育。指导是对评价结果的进一步加工和发展，它将评价提升到更高的理论水平，并考虑评价对象的主客观条件，从实际出发，使评价对象能够掌握自身未来发展的方向。对于教学管理而言，只有对教学问题进行全面评估并提供指导，才能确保评价的意义和价值得到充分的体现。因此，评价与指导必须有机结合起来。教学质量的提高和科学性轨道的保证，取决于从评价到指导，再从指导到评价的循环往复的过程。

5. 自评和他评相结合原则

教学评价的核心目的在于改进教学质量。因此，将评价的标准、原则和方法授予教师和学生，使其在教学实践中频繁进行自我评价，这将不断提升教师和学生的教学和学习水平，从而提高教学质量。在进行自我评估的同时，也应该重视他人的评价，特别是对于某个教学问题，进行有针对性的评价，以便准确地发现教学的长处和短处，从而有助于教师明确今后的努力方向。

（三）教学评价的对象与范围

1. 学校教学工作评价

教育教学是学校运作的核心，教学成果评估是评估学校绩效的重要指标。教学工作的评估包括对教学思想、教学方法和教学活动的每个环节进行评价以及对教学效果和质量进行评估。

2. 学校人员评价

学校内有各种组成人员，其中包括领导、教师、职工和学生，而在下面的讨论中，我们将集中探讨如何评价教师和学生。

（1）教师评价

教师评价主要是评估教师的道德素养、教育水平、教育技能能力以及职业成就等方面。

（2）学生评价

这主要包含两方面的内容：第一，它包括了学生的所有方面。第二，包括了学生在校期间会在思想品德、学业成绩、体质状况、美德情操、劳动态度和个性发展等方面有不同程度的发展变化，这些方面都是评价学生发展的具体指标。

二、英语教学评价内涵分析

总的来说，英语教学评价是指在英语课堂教学过程中运用教学评估方法，根据规范化的英语课程教学目标，对学生的英语学习过程、教师的课堂教学效果以及学校组织进行英语课程教学评估。

英语教学的形成性评价主要着眼于实现学生的多方面发展，教育部颁发的《国家英语课程标准》中已经明确提出应对学生的最终学习评价要采用终结性评价以及形成性评价有机结合的方式，针对低龄者采用形成性教学评价为主。

英语教学的评估主体主要由两个方面构成，一个是对学校内部的评估，另一个则是对社会的评价。校内评估的重点在于对教学过程进行全面评估，包括对教师和学生两个方面的评价；社会评价则以高校为对象，从用人单位和毕业生角度来开展。一方面，上级主管教育机构会定期对学校的办学条件、教学水平和办学成果等进行评估；另一方面，企事业单位则通过对学生工作能力的评价来衡量院校教学工作的质量。

三、高校英语教学评价实施与改革

（一）高校英语教学评价体系的构建

1. 建构主义理论

建构主义理论主张，学习的过程应该是通过积极主动的方式构建知识体系的过程。建构主义理论认为，学生是学习过程中的中心，因此传统的教师讲解方式无法真正帮助学生理解和掌握知识，应强调学生主动思考和探索知识，了解知识形成过程。因此，教师必须转变教学观念，从“教”向“学”转化，注重培养学生自主探究、合作交流的能力。对于高校英语的评价，除了关注学生对英语知识的记忆情况外，还应该注重学生在学习过程中的自主探索、独立完成学习任务以及进行交流讨论的过程，而不能简单地通过分数来评价学生的学习成果。教师应当将学生在建构英语知识的过程中所展现出的各种素养和能力的发展，纳入评价体系之中，以便更好地关注他们在学习过程中的表现。

2. 多元智能理论

根据多元智能理论，每个人都拥有多种智力，包括交往、自我观察、视觉空间、数理逻辑和语言表达等方面，然而，由于个体的差异，每个人的智力优势也各不相同。有些个体在语言表达方面表现出较高的智力水平，然而在数理逻辑方面则显得相对较弱，而另一些个体则呈现出截然相反的趋势。根据多元智能理论，人类的智力呈现出多样性，其智力优势也因个体的差异而异。因此，不能单纯地以某一方面的智力来判断个体是否具备智慧。因此，在对高校英语进行评价时，必须注重从多个角度对学生进行全面评估，以实现教学评价的多样性。就英语学科而言，主要聚焦于学生在听、说、读和写等方面的能力，而多元智能理论则揭示了不同学生在多个方面呈现出的语言能力差异。有些学生在读写方面表现出色，但在听说方面稍显欠缺；而有一些同学则在听说方面表现出色，但在读写方面则稍显不足，这导致了个体之间的显著差异。这就需要英语教师根据学生学习的差异进行差异化的教学评价。多元智能理论认为，对于所有学生的评价，不能采用单一、统一的标准，而是应该采用更为综合、全面的方法进行评价。

（二）高校英语教学评价信息化应用策略

1. 完善评价体系

信息化的主要发展方向在于利用先进的信息技术和高新科技，以提升评价功能和质量，从而增强整体英语教学评价的效果。运用信息技术，将多样化的评价元素与英语评价体系相融合，以最大限度地优化现有资源，降低成本，提高评价效率和水平。总体而言，评价应当朝着数字化、网络化、智能化的方向发展，以适应当今快速变化的社会需求。通过积极推进信息化、服务化进程，实现教育、评价、分析等多个环节的有机衔接，从而有力地促进评价信息化的平稳发展。

2. 升级评价设备

为实现高校英语教学评价信息化，评价设备的设计必须遵循结构标准化、功能模块化和接口通用化的原则，同时加强顶层设计，实现评价设备模块的数字化、网络化和智能化，从而全面实现评价体系的信息化。将先进的科技与传统的评估模式有机结合。例如，在英语口语评估过程中引入智能硬件设备，以协助采集口语评估数据等。通过合理运用信息技术，我们可以确保评价结果的公正性和客观性，从而提高评价的客观性。高等教育机构应当致力于提升信息化软硬件设施的建设水平，以科技企业为依托，加速相关技术的创新和研发。

3. 提升发展动力

高等教育英语评估体系的进展应当紧抓时代的机遇，明确关键领域，加速智能化进程。在传统的高校英语评价过程中，通常采用传统的纸笔考试或口语对话方式进行评估。在当前形势下，高校英语评价体系将以传统评价模式为基础，通过设备升级改造，逐步优化评价流程，从而充分发挥信息技术的优势。在英语教学评价过程中，高校应当积极推动信息化平台的建设，为教师引入先进的信息化技术手段提供有力支持。与此同时，高等教育机构应当加大对信息化科研项目的经费支持力度，为相关科学研究提供必要的基础保障，并为构建评价信息化的标准体系提供强有力的支持。

4. 建设评价团队

评价体系的核心要素在于人才队伍。因此，在建设人才队伍时，必须遵循科学化和服务信息化的基本原则。高校教学和信息化部门应当共同承担团队建设工作，对于科研任务需要外包的情况，应在合作初期达成明确的协议，要求企业派遣专人持续跟进，并及时妥善解决评价过程中出现的问题。

高校英语教学、信息化、电化教育等部门应当构成英语教学评价的核心团队成员，同时，校外科技公司的技术专家、销售经理、技术经理等也应当作为辅助人员。我们致力于构建一个科学的评估团队，该团队将专业和兼职人员融合在一起，职责明确、任务清晰。英语评价考试计划的实施通常由英语教学部门主导，而评价过程的硬件设备支撑则由信息化和电化教育部门联合完成，同时科技公司的技术人员提供了16项评价过程的软件技术服务和保障。通过在线测试和现场测评相结合的方式完成学生的成绩评估工作，形成完整、系统、规范的英语课程学习综合评价体系。在考试结束后，英语教学部门将根据评价数据和评价结果，对英语教学过程进行深入分析，并根据评价体系的实际运行情况，对授课方案、模式等进行调整。同时，信息化、电化教育部门将升级替换相应的评价设备单元，而软件公司则将对评价过程中出现的软件问题及漏洞进行修复和改进。

为确保评价体系的平稳运行，必须建立完善的服务反馈机制，并进行信息化升级，以协助评价团队及时、有效地提供评价服务，从而保证评价过程的稳定性和可靠性。因此，推进服务信息化升级已成为评价体系整体信息化发展的不可或缺的重要组成部分。实现服务信息化升级需要对服务系统进行优化升级，同时建立高效的信息化服务平台以提升服务质量。

在构建英语教学评价服务体系时，应以用户需求为导向，建立相应的网站或服务信息化平台，以实现信息化服务平台的构建。实现信息化、服务化平台的设计需要同时满足标准化和个性化需求，以确保提供更加全面和多样化的服务。在平台建设的过程中，我们可以充分利用大数据、数据挖掘、云计算等前沿科技，为信息化服务平台的构建提供有力支持。通过运用大数据汇总和数据调研等多种方式，广泛收集用户使用数据，并对其进行系统整理和深入分析，以充分了解用户反馈，从而有针对性地修改和完善评价功能模块，进而通过服务平台推动服务升级。

为了提升英语教学评价系统平台的智能化服务水平，必须在其中嵌入网络数据存储模块，以实时监测系统运行状况并改善服务模式，从而提高服务效果。通过对平台运行过程数据进行有效记录，促进评价平台技术改革创新，实现高校用户与科技企业之间的实时沟通桥梁，并提供即时查询、修改和维护平台运行信息等服务。在构建评价体系的同时，高校用户和科技企业应当高度重视运行维护服务，通过网络数据存储单元收集运行数据并进行远程控制管理，以确保服务质量，从而提高教学双方对评价服务的满意度。

（三）“互联网 +”背景下高校英语评价体系的改革

1. 利用信息化手段构建线上线下相结合的评价手段

在“互联网+”时代的背景下，线上线下混合式教学已经成为不可避免的趋势。因此，教师应该充分利用在线教学和面对面教学，为学生提供立体化的教学模式，同时，教学评价也应该包括线上和线下两种教学路径。尽管口试和笔试是最为普遍的英语评估方式，但它们都属于结果性评估，难以真正对学生的英语水平进行评估。此外，传统的口试和笔试需要耗费相当长的时间和大量的精力，使用频率相对较低，通常只在期末进行，难以在平时的教学中得到有效的实施。因此，无法通过口试和笔试的评估来达到促进学生学习的效果。在当今“互联网+”的背景下，高校英语教学评价可以借助信息技术的力量，为教育者提供更为高效的教学手段。教师可构建一套学生互评、自评的评估框架，通过在线平台与学生分享，学生在每次学习后均可进行自我评估、相互评价，并及时提交反馈。此外，教师可以引入批改网的平台，该平台配备了一套自动评估系统，能够自动、及时地对学生的学习过程进行评估，并提供反馈意见。学生所完成的任务和练习提交后，系统会自动进行快速批改，并及时提出修改建议，以帮助学生认识到自身的缺陷和不足，并及时进行纠正和提升。一些在线教学平台还具备自动记录和跟踪学生学习过程的功能，能够收集学生在学习过程中的相关行为数据，并对其进行分析。例如，对学生任务完成、学习时间、互动讨论等环节的数据进行综合评估，从而使教师在授课过程中无须分心观察学生的表现和反应，从而能够及时获得更加精准和科学的评价结果。

2. 借助信息技术构建终结性评价和形成性评价融合的评价方式

学生的英语综合应用能力可以通过终结性评价和形成性评价两种方式进行评估，其中终结性评价是在学生完成学习活动后对其学习成果进行评价，具有高度的综合性和概括性。形成性评价是一种对学生的学习过程进行综合评估的方法，它可以全面了解学生的学习状态、知识掌握情况和程度，从而为教学方案的调整提供有益的参考，以期找到更加适宜的教学策略和方法。这两种评价方式的目的和效果存在差异，它们并非对立的，而是相互融合的，以实现优势互补，从而对学生进行更加公正和客观的评价，并发挥评价在促进学习和教育方面的作用。利用信息技术，教师可以在在线平台上发布口试和笔试的题目，让学生在规定的时间内完成，随后由系统进行评价并生成评价反馈，从而使终结性评价变得更加高效和便捷。利用信息技术实现形成性评价，特别是在在线教学平台上，系统能够获取学生的学习行为数据，并对其进行深入分析和评估。此外，教师还可以创建一个电子档案袋，以关注学生的学习过程，将学生在学习过程中的表现、成果等信息整合到其中，从而加强形成性评估。

3. 应用信息技术构建师生相结合的评价主体

为了突显学生在评价中的主体地位，评价主体应当展现出多元化的特点。在网络环境下，教师能够引导学生进行自我评估和相互评价，从而使学生从被动的评价对象转变为积极的评价者。此外，学生可以参与教师教学的评估，制定与教师教学方法、策略和效果相关的评价体系，并将其分享给学生。此外，学生可以在每次课后以匿名的方式对教师的教学进行评估。对于教师和学生之间的互动评价，可以从多个方面进行考量。例如，教师是否具备创造趣味化英语课堂、熟练运用先进信息技术进行教学以及引入丰富科学的教学活动等方面。

第三章　高校英语教学改革路径探索

教育作为社会的一个子系统，其发展必然受到时代和社会发展的影响和制约。本章节内容为高校英语教学改革路径探索，依次介绍了高校英语教学改革之翻转课堂、高校英语教学改革之微课、高校英语教学改革之慕课三个方面的内容。

第一节　高校英语教学改革之翻转课堂

一、翻转课堂理论

有些人主张将课堂翻转视为一种在线学习方式；有些人主张，翻转课堂实际上是对传统课堂的顺序进行了“颠倒”，而并未带来实质性的改变。尽管教学视频是翻转课堂的核心内容，但教师在其中依然扮演着至关重要的角色。因此，翻转课堂并非一种简单的在线授课方式。翻转课堂则将知识的传授时间提前到了课堂的前沿；大量原本需要学生在课后完成的练习，现已迁移到了课堂中，与教师和同学进行了深入的交流和讨论，最终得以顺利完成。通过颠倒的教学流程，实现了知识的提前传授和内化，从而转变为以学生为主体、教师引领学生学会学习的模式，这正是翻转课堂的真正内涵所在。

（一）信息技术的助推

当今世界，科技进步日新月异，一个最为显著的特征即信息网络技术的迅猛发展，把人类社会带入了网络时代。

信息技术的发展对社会经济、政治、文化等各方面都产生了深远的影响。以“互联网 +”、大数据、云计算、虚拟现实、物联网、人工智能等为代表的信息技术飞速发展，改变着人类的思维、生产、生活和学习方式，显著提高了各行各业的生产力，推动着各领域的变革和创新。移动互联网更是以不可思议的力量，将越来越多的人和物连接在一起，使万物互联互动、共生共存共长的新局面形成。

传统行业在信息技术的影响下正在经历一场颠覆性的革命，党的十九大报告也明确指出要突出“颠覆性技术创新”的作用。有学者把这种颠覆式创新称为破坏式创新。

信息技术正在上演着一场对传统行业的“破坏式创新”，由此导致产业结构发生了剧烈的变化，改变了社会的发展以及人类的生活，人类的潜能从未像今天这样得到全方位的激发和释放。

在教育发展规律的作用下可以发现，随着信息技术的快速发展，传统教育的局面正在被打破。尤其是在2011年之后，信息网络技术加速进入教育领域，技术的威力逐渐凸显，开始渗透并改变着传统教育的每个元素，包括教学环境、教学内容、教学方式、师生关系等。

自2011年塞巴斯蒂安·特伦和彼得·诺维格开设“人工智能导论”慕课以来，慕课在全世界范围得到井喷式发展，世界各国的学者都纷纷开设慕课。随着慕课的兴起和普及，翻转课堂已成为一种新兴的教学模式，引起了全球教育界的广泛关注，并在我国教育界迅速受到追捧，成为一项对课堂教学产生深远影响的重大变革。通过翻转课堂的方式，成功地将线上和线下学习有机地融合在一起，从而克服了慕课仅限于有线上学习的限制，成为改变学校教育教学的一个重要突破口。慕课与翻转课堂优势互补，具有天然的契合度，二者相结合进一步推动了传统高等教育的变革。

除了慕课和翻转课堂之外，近年来，大数据、学习分析技术、直播技术、人工智能应用、语音识别、人脸识别、表情识别等技术已经越来越多地应用于教育领域，在个性化教学、减轻教师工作负担、提高教学效果上作用显著。个性化的智慧教育生态正在形成。

（二）技术助推下的变化

1. 教学视频短小精悍

大部分视频的时长仅有几分钟。每一段视频都以一个特定的问题为中心，具有高度的针对性和查找的便捷性。网络上发布的视频具备多种功能，如暂停、回放等，这些功能能够帮助学生自主学习。

2. 教学信息清晰明确

相较于传统的教学录像，翻转课堂的教学视频具有独特之处，因为它能够避免出现任何不必要的干扰。在学生自主学习的情况下，教师头像和教室内各种物品的摆放都会分散学生的注意力。

3. 重新建构学习流程

翻转课堂重塑了学生的学习过程。教师得以提前洞察学生所遭遇的学习难题，并在课堂上提供切实有效的指导，而同学之间的互动交流则有助于推动学生知识的吸收和内化过程。

4. 复习检测方便快捷

在观看教学视频后，学生对所学内容有了初步的了解，而紧随其后的四到五个小问题则能够协助学生及时进行检测，从而对自身的学习状况作出判断。

从这个视角来看，翻转课堂对教师的能力提出了更高的要求，即教师需要具备制作卓越教学视频的技能，同时还需要具备搜集和筛选合适内容的技能。除了在课前观看视频外，教师在课堂上也不会因此而放弃其他的教学活动。在课前，教师需要对学生在学习过程中遇到的问题进行系统梳理，随后在课堂上引导学生形成独立思考的能力，组织学生进行深入的讨论和交流，同时也需要根据学生的个人学习情况进行有针对性的指导，以实现因材施教的教学目标。

翻转课堂所带来的变革不仅仅是对教师的影响，更重要的是让学生成为学习的主导者，从被动地接受知识到主动地获取知识。学生可以依据个人需求自主决定学习速度。例如，接受能力强的学生，他们可以自主完成教学内容的学习，并完成在线练习；对于那些在课堂上无法跟上进度的同学，此时他们可以通过反复观看视频，在观看视频的时候通过暂停视频进行思考或补充笔记等方式来提高学习效率。当学生遇到难以理解的问题时，他们可以在课堂上明确地提出并与同学或教师进行深入的交流和讨论，从而逐步提高自己的成绩。通过翻转课堂的时间分配，学生不仅能够自主掌握学习节奏，还能够更广泛地参与到课堂活动中，从而极大地促进师生和生生之间的互动和协作。

在教学过程中，教师和学生不再沉迷于教材内容，而是以灵活的方式将知识压缩为简短的视频素材。通过在家庭环境中观看视频，可以有效减轻学生在课堂上的紧张情绪，从而更好地吸收新的知识，同时避免因疏忽而错过重要的知识点。此外，教学视频的最大优势在于，它为学生提供了一个随时复习和巩固学习成果的平台。

（三）翻转课堂的本质

1. 教育理念的创新

翻转课堂的教育理念是由“以教为中心”教育理念转变为“以学为中心”。翻转课堂被看作以学生为中心的学习模式。尽管教师将课讲得非常精彩，也总有一些学生不能融入其中。翻转课堂让教师下台，学生上台，使课堂变成学生的学习中心。

2. 师生角色的创新

翻转课堂实现的关键是教师角色的转变。通过翻转课堂中的信息传递和内化吸收过程，教师从知识的传授者转变为学生学习的导师和服务提供者，引导学生从被动接受转变为主动探究，以促进其主动探究的能力。

3. 学习环境与学习活动关系的创新

根据学习过程是否需要交流协作或独立思考，可以将学习分为独学和群学。独学，以独立思考为特征，如知识传授；群学，以协作交流为特征，如知识内化。学习环境也有两类：私环境和公环境。私环境，如家里等，安静，干扰少，适于独立思考，适于独学；公环境，如教室、公共场所等，适于交流分享、协作探究，适于群学。翻转课堂将“在课堂学习知识，在家完成作业”的方式转变为“在家观看视频学习知识，在课堂讨论学习”，实现了学习方式与学习环境的完美匹配，即适于独学的学习内容和与适于独学的环境相互匹配；适于群学的学习内容与适于群学的学习环境达到高度的统一。翻转课堂的最大潜力和最大特色可以被认为是实现了学习活动与学习环境的完美结合与匹配。

4. 育人本质和育人目标的创新

无论是教学流程的再造，还是教育观念的转变，无论是师生角色的转换，还是教学结构的翻转，改变的都是课堂教学形式和教学手段的变化，但翻转课堂的核心是适应信息化背景下学校教育变革的需要，改变旧的育人目标并相应地改变教学的环境和形式才是当务之急。

5. 教学流程的创新

以前，学生在教室上课、听讲座，回家做作业、练习；现在，学生在教室讨论、答疑，做作业，家中在线上课、听讲座。翻转课堂和传统课堂的教学流程存在着极大的差异，前者强调把“知识传授”这个环节安排在课前，把“知识内化”环节安排在课中。课前的学习可以发挥教学视频的辅助作用，这与此前单纯地依靠教师讲授知识是不同的。此外，教学视频相对地延长了课堂时间，这对于作业的解决、师生的交流、生生的互动等具有巨大的促进作用。

（四）实施的条件

1. 建立相关的教学视频

在翻转课堂上，教师应该事先制定学生在本节课的学习目标，然后汇编成教学视频。在视频中，需要体现出所要学习的知识点。然后，教师再去收集一些相关的视频资料，最终将所有视频资料进行归纳总结。最后，创建出翻转课堂上所需要的视频教学的全部内容。在进行视频教学内容的创建过程中，教师应该充分考虑到不同的班级所存在的具体差异。在创建视频的时候，就应该特别注意这些差异在视频中该如何去体现。此外，在对视频教学内容进行创作时，一定要将学生在学习中的想法尽量考虑进去。这样，教学视频对于不同阶段的学生在学习方法及学习习惯上都会具有适应性。

2. 举行与课堂相关的活动

在进行翻转课堂之前，教师应该把当节的教学内容提前传递给学生，让他们进行预习。因为在翻转课堂之上，需要学生进行一些有较高质量的学习活动，这种课堂模式，并没有太多的时间让学生在课堂上对所要学的知识点进行系统的学习。在翻转课堂上，学生有更多的机会将所学习的相关知识点应用到具体的环境中，学生应该主动地去创立学习方法，然后先独自去解决出现的问题，再和教师或同学进行沟通与交流，共同去探讨所遇到的难题。最后，将所学到的知识应用到具体的实践当中去。

学生通过翻转课堂教学的模式，在一定的程度上会消除这种学习方式所产生的问题。那么，翻转课堂是从哪些方面对学生在课堂上的学习产生影响的呢？

一个方面是学生主动地去学习。在学生经过翻转课堂之后，利用翻转课堂上的各类学习视频，他们就能够根据自己学习的实际情况来安排自己的学习内容，同时也可以精确控制自己在学习方面的时间，因为他们可以将这些视频内容在课外进行观看，或者是带回家去学习，这样就可以使学习一直处在相对轻松的氛围当中。翻转课堂这种教学模式优点在于，学生在观看翻转课堂上所提供的教学视频时，他们可以自主掌握视频的快进与后退或者暂停，如遇到自己已经学会的内容，则可以选择快进，遇到没有第一时间理解的内容，他们可以选择进行多次反复地观看，直至将知识点完全理解。此外也可以随时选择暂停，以进行知识点的相关思考。而且他们还可以通过翻转课堂提供的一些视频聊天软件，去向教师请教或者与同学进行交流。

另一个方面是和教师、同学的互动增多。翻转课堂给学生提供的最大便利是在课堂上他们能够有更多的时间和机会与教师、同学进行互动和交流。因为翻转课堂教师不再只是教学的传授者，而多出了很多时间和学生进行沟通交流，也有大量的时间去解答学生的疑惑。翻转课堂从某种程度上来说，解放了教师，让教师有更多的时间和学生进行教学内容的互动，能够随时解答学生在学习过程中遇到的疑难问题，而且也会有更多的时间对个别学生进行个性化的指导。同时在翻转课堂上，教师可以将学生进行分组，比如有相同的问题困扰到一部分学生，就可以将这部分学生分在一组后进行单独指导。所以说翻转课堂的优点就是学生在遇到问题时，教师能够及时地给予解答。

在翻转课堂上，教师将变成一个指导学生学习的教育主体，同“授人以鱼不如授人以渔”的道理一样。教师有更多的时间去观察学生之间有什么样的互动，同时帮助学生进行分组，让学生之间互相交流与沟通，组与组之间也能够在学习方面互相学习和帮助，学生遇到一些无法解决的问题时，教师给予及时解答。所以翻转课堂对于教师而言，是使他们成为指导学生掌握学习方法的教育主体的契机。

此外，翻转课堂的教育模式能够增进教师和家长的沟通。在开家长会的时候，家长一般最关心的问题是他们的孩子在课堂上有什么样的表现，有些家长会问他们的孩子在听课的时候是否认真，是否会主动举手回答问题，在课堂上有没有干扰别的同学等。而通过采用翻转课堂之后，这些问题对于家长来说不再重要。他们此时所关心的问题将会变成孩子是不是在学习，如果他们不主动学习的话，那么家长和教师需要去做什么来督促他们主动学习，诸如此类比较有内涵的问题，翻转课堂教学模式会给家长与教师提供一个非常良好的沟通环境。家长与教师会共同完善孩子们的学习环境，使学生在学习方面变得主动。

在未来教育的发展及演进过程中，由于互联网及信息化的融入，典型的翻转课堂模式对我们国家的教育改革必将产生非常大的促进作用。因此，我们要加大对翻转课堂教学模式的推广，使广大学生都能在其中获益。

二、高校英语应用翻转课堂教学

（一）在“听说读写”课堂教学中的应用

1. 高校英语听说课堂

在大学英语教学中，提高学生的听说能力是一项至关重要的目标，不容忽视。大学生进入课堂后，要面对全国范围内的四、六级英语考试，这个考试的基础和实际教学情况令人担忧。教师在课堂上只注重学生的听力能力，而缺乏为学生提供说的机会，这导致学生对英语的发音、语调以及口语交际方面的掌握不足，使得听说课堂的实际效果难以发挥。

运用翻转课堂教学模式，可以极大地改善这一情况。将听作为学生课前学习的重点内容，将说作为课堂中心活动的关键，这样不仅可以提高学生的听力水平，也能够增加课堂中的口语练习时间，达到双重效果。同时，翻转课堂教学模式还鼓励学生在自己的空闲时间里积极探索学习内容。例如，通过网络学习资源或者自主学习环境来提高自己的学习能力，这样能够帮助学生更加个性化和自主化地学习。

2. 高校英语精读课堂

教师应提前准备好相关的课程资料，包括教学课件、教学视频和微课堂等，以便学生能够利用这些资源进行基础知识的学习。这些内容应简明易懂，以便学生能够轻松接受，并且能够激发他们的学习热情和积极性。在授课过程中，教师可以聚焦于重要内容进行阐述，从而达到事半功倍的效果。需要注意的是，教师在准备课前资料时必须考虑学生的实际情况。例如，在录制教学视频时，应当根据学生的学习效率和学习情况，有选择地录制有针对性的内容。利用翻转教学模式，老师在精读课堂中的主要作用是引导学生独立思考、自主学习，通过激发学生的兴趣和思考，达到提高学生的思维能力和创造能力的目的。

高校英语精读课堂可以采用翻转课堂教学模式，同时还可以利用项目式的学习方法，以达到教学目标。教师在备课阶段需要根据教材实际内容制定恰当的教学策略，设计清晰明了的教学步骤和内容，选取生动有趣的案例，将其制作成适宜的教学视频，并上传到网络教学平台上。学生采用小组学习讨论的方式，通过教学视频完成学习任务，并以小组为单位进行学习情况的总结汇报。这种项目式的学习方式，充分借鉴了翻转课堂的思路，有效地将自主学习、合作学习和师生互动相结合，从而深化了学生对课程内容的理解，同时也提高了学生的问题分析和探究能力。

3. 高校英语写作课堂

作为一门语言课程，英语的自主性学习效果优于教师的强制性学习效果，而翻转课堂恰好符合这一要求。在英语写作领域，学生需要具备广博的语言知识，同时还需要深入了解英语国家的文化背景以及中英文写作模式的差异，只有这样，才能创作出卓越的作品。

运用翻转课堂这一教学模式，能够充分挖掘学生的自主学习潜力，全面提升课堂互动效果，促进教师和学生之间的交流与合作，实现词汇、短语和句子的沟通衔接，从而全面提高学生的写作能力。

（二）高校英语翻转课堂教学特点

1. 主动学习

当前，随着大型企业对英语人才的需求不断攀升，社会对熟练掌握英语的人才的需求也日益增加，而采用翻转课堂教学模式则是一种行之有效的解决方案。学生通过参与翻转课堂搜索任务和发言任务，深度融入课堂教学，深化对知识点的理解，激发学生的学习热情，逐步培养出高水平的英语人才，为国家的英语教育贡献力量。

2. 因材施教

教师应当制订翻转课堂教学环节的时间计划，明确需要翻转的学习内容，并在分组时，为每组学生提供展示任务擅长、课件技术娴熟、资料搜索广泛的机会，以充分发挥学生的特长，实现因材施教的教育理念。

3. 互动频率高

为了应对翻转课堂教学任务的布置，学生需要进行大量的预习工作，以便在课堂上提出问题并向教师请教，这一过程极大地提高了教师的授课效率，同时也有助于学生更好地理解课堂知识点。当学生在准备翻转课堂任务时，他们会不断地向教师请教，以解决在搜索资料、解答知识点困惑和课件制作中等产生的难题。

4. 学生占主导

在翻转课堂教学的过程中，学生逐渐转变为课堂的主导者，从被动的参与者转变为积极的课堂参与者。在上课前，教师会向学生分配需要讲解的知识点，并将学生进行合理的分组。接着，学生会主动搜索相关资料，并通过多媒体或图书馆获取所需的知识，或者向教师求助完成课上教学。在这种情况下，教师会与学生紧密配合，共同学习。课后教师根据学生所提交的答案情况来调整教学内容和进度，并及时反馈学生的学习情况。这一教学模式极大地激发了学生的学习热情，从而有效地推动了教师教学工作的进一步发展。

（三）应用过程中出现的问题

信息时代下，翻转课堂教学模式在教育领域的普及和应用极大地变革了以往的教学模式，实现了传统教学知识传授与知识内化两个阶段的颠倒，学生成为学习的主体，教师成为学生学习的辅助者。这种巨大的变革使教师在实践过程中能够预测将会出现的问题并制定相应的对策，是成功实现翻转课堂在高校英语教学改革中应用的关键。高校英语翻转课堂教学过程中出现的问题有以下四点。

1. 基于网络技术的软硬件资源缺乏

尽管当代互联网信息技术环境下各高校均配备了多媒体教室和完善的校园网络，但在高校英语翻转课堂方面，缺乏专业化的硬件教学资源，这是一个值得关注的问题。并非所有高等教育机构均能为大学英语授课提供专业的听力教室、多媒体白板教室以及充足的网络课堂空间。在计算机硬件的应用方面，存在着设备陈旧过时、硬件更新滞后等问题，导致学生参与翻转课堂在线学习的机会相对较少。有些高校在制作英语翻转课堂视频时，由于缺乏相应的经费和财政支持，无法为教师提供充足的网络教学资源和软件，这对教学效果产生了严重的负面影响。在英语翻转课堂的前期输入阶段，学生所需的英语教学软件和视频资源的选择受限，或者翻转课堂的内容缺乏针对性，这些因素都会对教学目标的实现产生影响。

2. 教学目标设置受学生基础差异限制

由于高校学生的英语水平不同，因此他们在学习过程中表现出不同的状态，为了满足大多数学生的学习需求，高校英语翻转课堂的教学内容设计通常以每个单元的重点和难点为核心。尽管考虑到大多数学生的需求，然而这种方法还是可能会忽视那些英语基础薄弱的学生，对于英语基础薄弱的学生而言，这种教学方式并不适合他们，反而会使其失去兴趣。由于缺乏自主学习能力，英语基础较差的学生更倾向于采用传统的以教师讲解为主的课堂教学模式，无法完全适应翻转课堂模式下的教学进度。在英语翻转课堂中，自主学习的内容密度较高，这不仅增加了学生的学习压力，同时也阻碍了教师实现既定的教学目标。

3. 教学模式受传统教学观念影响

尽管翻转课堂教学模式在很大程度上激发了学生的学习热情，同时也为教师带来了教学效果的提升，然而，由于传统教学方式的长期影响，翻转课堂实施过程中也面临着众多挑战。由于翻转课堂作为一种全新的教学模式，大多数高校生在进入高校之前一直在传统的教学模式下学习，翻转课堂教学模式则更加强调学生的学习主动性，而非养成主动思考和问题解决的习惯。此外，翻转课堂的教学模式对教师的职业素养提出了更为苛刻的要求，需要他们具备更高层次的专业素养。在翻转课堂中，虽然表面上教师的角色已经从主动转变为被动，并且以学生为主导，但实际上这种转变并不能完全改变。教师应当全面了解学生的情况，因材施教，为其提供多样化的教学资源，这一点可以明显增强教师的教学效果。因此，像大多数学生一样，那些习惯于采用传统教育模式的教师在短时间内也难以完全适应翻转课堂的教学方式。

4. 教学内容、教学方式对教师网络技术能力要求很高

在高校英语翻转课堂教学中，重点关注听、说、读、写四个方面，同时注重英语词汇、语法和句式等方面的教学内容设置。因此，高校英语翻转课堂的教学组织流程过于复杂，需要教师在选择教学方法时综合考虑多个方面的内容。在制作视频的过程中，教师需要投入大量的时间和精力。

三、高校英语翻转课堂教学改革建议

在我国的高校英语教学中，翻转课堂作为一种具有创新性的教学模式，扮演着不可或缺的角色。针对我国高校英语教学模式亟须改革的现状，引入和实施翻转课堂的措施在一定程度上有助于改善高校英语教学的不足，为我国高等教育信息化改革注入了新的活力。

（一）应用发展建议

1. 深化翻转课堂理念的认识

在高校英语课堂教学中，教师必须深刻转变自身的思想观念，全面强化素质教育和以学生为中心的现代教育理念的应用，明确自身在教学活动中的角色，将学生视为学习的主体，彻底改变过去教师主导课堂的局面，同时全面深入地认识翻转课堂教学模式，将培养高校生英语应用能力和语言技巧作为主要的教学目标，而非仅仅让学生掌握基本的英语词汇和语法知识。为了让学生在翻转课堂教学中感受到更多的愉悦和学习到更多的知识，英语教师应该积极引导他们，激发他们的主观能动性，从而使他们对英语这门课程产生浓厚的兴趣。

2. 加强小组合作模式的应用

在高校英语教学中，采用小组合作学习作为翻转课堂教学模式的重要组成

部分，不仅是落实翻转课堂教学理念的有效措施，更是不可或缺的教学手段。为了激发高校生的英语学习兴趣，教师在实际的课堂教学中必须主动承担重要的引导职责。例如，教师和学生可以通过组织一系列与英语知识相关的问题回答，将学生划分为不同的学习小组并组织英语词汇知识竞赛等活动，从而提高小组合作学习的效率。在课堂上，教师应当善于抓住每一次开展小组合作活动的机会，以便为学生提供更加高效的学习体验。在高校英语教学中，加强小组合作是至关重要的，尤其在课堂练习方面，更是不可或缺的关键环节。此外，在课后，我们还必须加强对课堂知识内容的巩固，以确保学生能够更全面地掌握英语知识。为了提高英语学习效率，必须加强课堂和课外之间的紧密联系，以便学生在课外也能够积极参与英语训练。例如，建立英语兴趣小组，定期安排有趣的课后作业，让学生有时间参与兴趣小组活动，完成各项任务目标，从而有助于提高学生的英语实践能力。

3. 强化对网络多媒体的应用

随着互联网的蓬勃发展，高校英语翻转课堂的实施得到了极大的助益，因为互联网所提供的海量信息为我们提供了丰富的素材资源。网络中蕴含着丰富的信息资源，其中包括各式各样的图片、音视频等，这些教学资源都可以得到充分的利用。在实施翻转课堂教学模式的过程中，高校英语教师应当积极利用互联网平台，以获取更多资源，从而激发高校生的英语学习热情。当教师在课堂中向学生传授一些英语口语的惯用技巧时，可以采用播放经典英语电影的方式，将高校英语课堂转变为电影院，或者选择一些幽默搞笑的美剧和英剧片段作为教学素材，这样学生不仅可以学习到更多的口语用法，还可以了解他们的文化，从而使课堂氛围更加和谐。另外，在课堂上对一些英文原版影视进行翻译时，可以通过视频网站和微信公众号等方式让学生自主完成阅读理解任务，这对于培养学生综合能力具有重要的作用。考虑到学生英语水平的多样性，在选择电影或美剧时，必须根据学生的实际学习情况进行合理的难度选择，以确保最终实现教学目标。

4. 积极地组织课外实践教学

尽管在高校英语教学中，课堂教学是主要的平台，然而，教师也应该高度重视课外实践教学活动的开展，积极组织各种与英语学习相关的活动，以巩固和加强学生对知识内容的掌握。为了进一步提升教学效率，有必要要求学生在课外进行系统的训练，以便更好地掌握相关技能。加强课堂内外的自主协作，可以通过教师设定的作业任务或在课堂结束后组织有趣的英语学习活动，如英语角、英语沙龙等，将课堂教学知识融入这些活动中，以达到寓教于乐、提高英语学习效率的目的。在翻转课堂教学模式下的课外实践活动中，应充分激发学生的主观能动性。例如，鼓励学生自主设计游戏，担任自主裁判，将主动权交还给学生，从而使他们深刻感受到学习英语的乐趣。通过这种方式，不仅可以培养学生良好的语言习惯和团队意识，也能使学生养成良好的生活习惯，增强其对英语的兴趣。此外，还可引导学生在日常学习中利用各种互联网平台积极参与英语学习活动。例如，英语新闻应用程序、在线英语视频等，以满足学生的个性化需求，为他们提供更多自主学习的机会。

（二）应用实践展望

1. 课前活动的应用实践

经过对学生学习情况和教学教材内容的深入分析，教师精心录制了与教学内容高度契合的教学视频，旨在为课堂实践教学提供有力的支持。教师应根据教学视频的内容，结合学生的实际学习情况，精心设计一套富有探索性和合理性的导学学案，以激发学生的求知欲望。在课堂教学中采用翻转课堂模式，将传统教学模式由“以老师为中心”转变为“以学定教”的新方式。在翻转课堂的开放和规模化特点下，教师鼓励学生进行导学案的精细化和完善，同时记录并解决存在的问题，以实现课前预习的效果，实现初步传递知识的教学目的。

2. 课堂教学的应用实践

高校英语课堂教学采用翻转课堂模式，通过以下三个方面进行建设和实际应用：首先，教师从学生的角度出发，分析课前预习中学生存在的问题，并设计探索式问题，以模块化教学活动的形式明确学习目标和重点教学内容。其次，采用小组学习形式，让学生们一起观看教学视频或课件，并进行深入探讨，记录探讨的结果。最后，教师会提供有效的指导，帮助学生们更好地理解和内化所学知识，实现翻转课堂教育。基于翻转课堂的特点，安排学生参与各种学习活动，如英语课件制作比赛、主题英语辩论等，教师在活动中提供启发性建议和公正、公开、公平的评价，以激发学生对高校英语学习的兴趣，提高他们的英语学习自信心。

3. 课后复习的应用实践

在大学英语课后的复习过程中，采用翻转课堂教育模式，可以延伸课堂教学活动，促进学生反思能力的提高和对知识的深入理解。学生通过观看下载的教学视频，进一步加强对课堂教学情境的反思，巩固知识内容。同时，学生还可以利用网络平台，加强薄弱知识点的学习，并通过与同学和教师的交流，不断完善知识结构。

另外，随着移动设备的广泛应用，学生在英语复习方面有了更多元化的练习方式，避免了过于依赖练习册和大量题目的不足之处，增强了学生自主学习的能力，提高了英语学习效率。如学生可以利用手机、电脑等电子设备，在网络支持的平台上参与学习和口语表达能力的训练，并在翻转课堂教学的基础上进行语法、词汇和口语的强化训练。

第二节　高校英语教学改革之微课

网络信息技术发展日新月异，我们已经生活在一个互联网的时代——“微时代”，将网络信息技术引入教学过程中，是教育教学思想和理念在教学领域中贯彻的必然结果。学生的学习途径发生了变化，因此教师的教育方式也要随之改变。微课资源作为网络信息技术衍生出来的一个产物，学习者可以通过手机、平板电脑等网络移动设备随时随地地进行知识的学习，学习者不受时间、空间等因素的限制，促进了教育教学的有效开展。

一、教育领域中应用的“微课”

（一）微课产生的背景

1.“微”时代对教育的挑战

在生活节奏越来越快的当今社会，更多简单、便捷、有趣、高效的生活方式和学习方式走进了人们的生活，如微博、微信、微电影、微小说、微讲堂等，这些都宣告着人类已经步入了“微”时代。网络通信技术的迅速发展也使得“微”潮流日新月异，进入了人们生活的方方面面。在当今社会，信息的传递速度惊人，内容的冲击力和震撼力令人瞠目结舌，仅需数百字即可实现信息的传播和交流，甚至包括情感的交流。对于信息接收者而言，虽然消化信息的时间有限，但信息的内容和数量却异常丰富，因此信息发送者必须提供高黏度、高冲击力和对受众高度吸引的内容。

在教学过程中，教师肩负着繁重的职责，需要全面关注每一位学生的学习情况，以便为他们提供查漏补缺、补习功课的帮助，这也是教师教学过程中的一大挑战。微课可以代替教师对学生进行个性化的学习或者多次重复性复习。这不仅可以节省教师的实践和精力，还能让学生的学习更加高效与个性化。自2009年新浪微博开始运营，便以其互动性和参与性强、目的明确、信息传播速度快等特点，迅速地在我国流行起来，拉开了“微”时代的序幕，微课便跟随着潮流应运而生。

2.“微学习”的迅速发展

微学习是今后学生学习不可缺少的一种学习模式，由“微”与“学习”两部分构成。“微”即微小、碎片化，这种教学方式符合学生的学习习惯，即一次只学习少量知识，过多的学习会使人感到疲惫。微学习的有效发展离不开微课这一媒介的支撑。微课是一种基于建构主义思想的教学形式，旨在通过在线移动学习的方式，为学生提供实际的学习体验。微学习的片段化和专题化已成为时代所需，微学习的应用为学生提供了更为优质的学习机会，从而有效地推动了学生的微学习进程。

微学习的兴起对传统的课程形式提出了前所未有的挑战，要求课程形式必须具备高度的多样性和灵活性，以满足学习者随时随地的学习需求，甚至可以让学习者在地铁、公交车、咖啡厅和工作间隙中进行学习，这种需求促使研究者自然而然地关注微课的发展。

因此，微学习所涵盖的学习内容呈现出碎片化、片段化的特点，其所包含的知识点和技能点则各自独立存在，学习的过程具有独特的个性化特征。

（二）微课本质特点

1. 微课的核心内涵

“微课”中“微”的含义是：微课资源仅围绕学科中的某个知识点或者教学中的某个环节，重点不在于拆分课堂，而在于缩小主题，所以微课教学的主题鲜明、知识点突出、内容具体、语言精练、资源多样、指向明确，仅仅针对一些重点、难点、疑点、考点、问题、实验等，通过讲解，将核心知识化繁为简地教给有需要的学生，以便于学生学习掌握，促进学生学习能力的提升。

“微课”中的“课”指的是，在规定的时间范围内，通过有目的、有针对性的教学活动，为学生提供有价值的学习体验的基本单元。为了确保一节课的有效开展，需要综合运用师生合作、教学技术和教学手段等多种要素，这些要素相互关联、相互影响，共同构成一个完整的教学体系。

微课作为一种新兴概念，是在传统教学范式的基础上发展而来的，它融合了翻转课堂和慕课教学模式的元素，既可以用于课堂中的正式学习，也可以用于课后的非正式学习，是翻转课堂和慕课教学模式课前学习的基础。

由此可见，微课既可以用于传统课堂教学，也可以用于网络课堂教学，微课的核心是微视频，以及与该教学视频内容相关的微教案、微课件、微习题、微反思等内容，它们是一个有机的整体。

2. 微课资源的特点

微课教学是将某个知识点、解题思路及方法和配套的练习资料展现出来，帮助学生自主学习，使得学生能更好地掌握该知识点的应用或者解题的思路和方法。在教学应用中，微课教学具有明显的高效性，相比常规课，微课资源主要具有如下特点。

微课资源的选题来自教学课程，微课不是帮助教学的多媒体课件，而是一种情境化、趣味性、可视化的数字化学习资源包，是按照学生的学习规律，经过教师精心设计的一种完整的教学资源。微课教学在形式上短小、独立，将以往一节课中的教学知识合理地分解成多个单一知识点，为完成一个教学目标，围绕某个知识点、教学环节、教学活动或者知识技能而展开的以微课视频为中心的课程。因此，微课中呈现的都是部分知识点，对教学知识进行了碎片化处理，但课程设计并不是碎片化的，而是对每个知识点的合理分解，在分解知识点的同时降低了学生学习的难度。

微课是用于教学的一种课程资源，它的内容一般为课堂中较难讲清楚的知识点、复杂或者难以演示的实验、不便在课堂展示的实验以及微观世界的物质变化过程等。微课可以强化重点，突破难点，目标明确，让教师能够更好地把握。微课资源丰富、短小精悍，能够实现知识点的拓展，可以将突破重难点的技巧更好地展现出来，使学生更好地理解学科知识。

微课资源的核心组成是教学视频，视频作为人类目前所掌握的最佳传播媒介，更加符合教育心理学和学生认知的特点。视频材料可以降低课本知识的“高冷度”，增加知识的亲和力，激发学生的学习兴趣。学生通过微课资源进行自主学习、独立思考、动手实践，掌握学科知识的重点、难点，建立完善的逻辑思维以及运用知识的方法和技巧，学习的主动性得到了充分的发挥，从而养成浓厚的学习兴趣。此外，微课资源还具有针对性、反馈性、趣味性等特点。

微课视频既不是课堂教学实录的视频片段，也不是其中的一个环节，它是课堂教学内容的浓缩，有导入、有讲解、有示例、有总结的教学过程，具有类似一节课的完整结构，再将这些部分通过多媒体技术制作成简短的、具有教育教学功能的微课视频。其中微课视频时长一般为 5 ~ 8 分钟，最长不应超过 10 分钟，是符合学生的认知发展规律的。著名的“注意力十分钟法则”告诉我们，人的注意力在学习刚开始的 10 分钟是最集中的，也是学习效率最高的，超过了 10 分钟，人的精神就会出现懈怠。微课抓住学生注意力的黄金点，可以保证学生学习的质量。

微课视频在设计上以短小精悍为立足点，从学生的角度出发，引导学生关注知识的生成，使学生更容易学会知识、掌握方法，让学生在学习中获得快乐，在快乐中掌握知识，为提高教学效率提供保障。

微课资源的容量虽然较小，但是在资源和形式上多种多样。微课教学有多种设计类型，可以分为讲授类、演示类、实验类、自主学习类、探究学习类等。微课支持多种新型的学习方式，翻转学习、混合学习、移动学习和碎片化学习是其最主要的集中学习方式。

根据学生使用目的，可将微课用于课前知识的预习，或用于有启发性的导入、书本教材的解读、课堂知识的拓展、重难点的突破、经典例题的评析、历年考点的总结、解题方法和技巧的展示、阶段性知识的归纳，微课的应用与学校课程的关系紧密。通过几分钟的微课学习，把题型精讲、考点归纳、教师的教学经验等相关知识点传递给学生，不仅形式多种多样，还能达到对课堂教学内容进行补充和延伸以及使学生对学科知识理解得更加深刻的目的。

微课视频的设计遵循画面简洁的原则。画面简洁是微课资源从内容到形式一以贯之的要求，尽管具体的细节因人而异，但目标是一致的，那就是希望在知识循序渐进的过程中制造出一种流畅的美感，使学生更清晰地接收教师想要传达的内容，更专注地理解内容中所包含的各种关系。

微课教学学生反馈及时。翻转课堂教学模式的评价手段，强化了调查问卷所作的答复、访谈、小论文、学生档案记录的功能，将过程性评价方法和总结性评价方法结合起来，更有效地对学生和教师的成绩进行评价和考核。

因此，微课是有别于传统单一资源的，是在其基础上演化和发展起来的一种新型教学资源，它赋予了教学课堂更大的活力，提高了教师的教学效率，促进了现代教学的发展。

（三）微课对教学的影响

1. 挑战了常规课堂的条条框框

在 45 分钟常规课堂中，老师站在讲台上，声嘶力竭地讲解知识，同学们坐在座位上，规规矩矩地聆听和认真背诵，偶尔也会有老师提问和同学们回答。一项与注意力持久性相关的研究表明，一般来说，学生的注意力集中时间只有 20 分钟左右，此后就会出现疲劳、分心等现象。学生的学习成绩与他们专注于课堂学习的时间成正比，这一点得到了心理学研究的证实。学生学习时间越长，并不一定意味着学习效果越好，只有在有意义的学习活动中投入时间，才能提高学习效率。然而，传统的课堂教学模式往往忽视了这一点，即学生的个性化需求。

相较于传统的整堂课，微课具有更为广泛的应用场景。校本微课的涌现对传统课堂框架构成了一项挑战，因为它从教师和学生的角度出发，强调了教学主体的重要性。

（1）从学生角度来讲

微课的最大价值在于提升学生的学习效能，从而使他们在学习过程中获得更多的知识和技能。每一堂课的精髓都围绕着某个特定的知识点或教学点展开，那些令人惊叹、令人兴奋的瞬间，总是短暂的。学生视觉停留时间一般仅有 20 分钟左右，如果时间太长，注意力减轻，就很难取得较好的学习效果。学校可以根据实际需要，制作精彩的 20 分钟左右、大小约 50M 的短视频，重点介绍教学重点、难点、考点和疑点等内容。这种方式让学生能够在任何时间、任何地点通过网络进行下载或点播学习，从而提高学习效率。

微课为学生提供了自主学习和有针对性的学习机会，从而促进了他们的知识获取和思维发展。随着社会步伐的加速，或许许多时候，我们的授课不再受限于传统的教室环境。学生可以依据个人需求，有针对性地访问相关网站或视频资源，无须像传统的整堂授课那样拘泥于形式。或许我们只需针对一个微小而具体的问题进行解决，即可在目录中找到所需内容，仅需三五分钟即可轻松解决，无须对整个课程进行全面的阅读。通过这种学习方式，学生可以在所提供的视频网站中自主选择学习内容，以解决学习过程中遇到的问题，而不是被动地听课，从而获得更高的学习效果。

（2）从教师角度来讲

微课的兴起，彻底改变了过去单一的辅导模式，跨越了时空的限制，这无疑给教师带来了解放。然而，对于现今的一些教育工作者而言，这种形式带来了一种全新的挑战，一些以授课为主的授课教师，可能会更容易陷入尴尬的境地，被学生视为可有可无的存在。

2. 为促进教师专业成长提供了新途径

微课作为一种富有活力的教学教研形式，为我们带来了全新的感受和体验。作为当前教学和教研的先进工具，微课不仅为教师提供了相互学习的机会，同时也为教师提供了诊断和改进的基础。微课的引入不仅能够提高教师的信息处理能力和水平，同时也为其未来的职业发展奠定了坚实的基础。因此，微课的涌现为推动教师专业素养的提升提供了一条全新的道路。

微课的呈现方式可以归纳为两种主要的形式。一种是具体而微的形式，其主要体现在教学的全过程中，它不仅包括完整的教学过程，同时也有完整的教学环节。微课与常规课堂的每个环节完全一致，包括内容导入、重点剖析、方法讲解、教学总结、教学反思和练习设计，但微课缺少学生的参与和师生的互动，导致学生参与度不足，师生互动较少。这一种呈现方式类似于传统说课，但更为具体、详实，更能体现教师的教学理念和教学技能。另外一种呈现形式则是微不足道的片段。为了展现教学过程中的某个环节，可以通过录制一个教学片段来呈现教师对教材的处理方式、对某个教学重点的教学策略或者对某个教学难点的突破技巧等，从而真实地展现教师的教学和学生的学习情况。例如，如何引导学生解决问题以及如何指导学生掌握操作技能，这些都是教师需要考虑的问题。

不同于常规课堂的呈现方式，无论何种形式的微课都以集中教学目标和单一目的为特点，时间上虽短（多则 20 分钟，少则七八分钟），但教学效果却更为显著。因此，微课对于教师的教学能力和职业素养的提升非常有益。

3. 为传统教学资源建设提供了新方向

教育信息资源的基本本质属性在于它们能够为教育教学提供有效的支持和帮助。只有在实际的教学过程中深入探究教学资源的开发和利用，才能满足教师在日常教学中对资源的需求，并不断地创造出新的课程资源。

微课的主要内容是由课堂教学视频片段组成，并且还涵盖了与该教学主题相关的教学设备、素材课件、教学反思、练习测试、学生反馈和教师点评等教学支持资源。它的主要目的在于解决课堂教学中的某个学科知识点（例如，教学重点、难点、疑点内容），或者反映课堂某个教学环节、教学主题的教学活动与学习活动的互动情况。相对于常规课堂的复杂教学内容和多重教学目标，微课的目标相对单一，教学内容更为简明扼要，教学主题更加醒目突出，教学指向更加明确，包括资源和教学活动的设计都围绕着某个特定的教学主题展开。根据校本微课的共同沟通，我们成功创建了一个主题鲜明、类型丰富、结构紧凑的“主题单元资源包”，并营造了一个与具体教学活动紧密结合、真实情境化的“微教学资源环境”。只有深入挖掘传统教学资源的内在价值，才能真正实现传统教学资源的有效利用。

二、高校英语教学中的微课

（一）微课在高校英语教学中的应用价值

1. 激发学生英语学习兴趣

微课的课程多以精美的视觉呈现为主，课程内容经过精心设计，涵盖了大量有趣的内容，能够有效地激发学生对英语学习的兴趣。

2. 培养学生学习习惯

尽管高校学生享有充足的课后时间，但并非所有的学子都能养成自主学习的良好习惯。探索如何激发学生英语自主学习的潜能，建立优良的英语学习习惯，是一项值得深入研究的教学任务。微课具有显著的优势，其课程时长通常不超过 15 分钟，涵盖的内容均为重点，虽然缩短了课程时间，但提高了课程质量。学生们可以随时随地学习，根据自己的学习节奏选择学习进度，遇到不会的内容时，还可以反复观看。此外，微课还通过数据监督记录学生的学习情况，从而显著提高了学生的学习参与率。随着时间的推移，高校学子们逐渐掌握了适合自身的学习方式，从而培养了优秀的个性化学习习惯。

（二）微课在高校英语教学中的应用挑战

1. 微课应用形式落后

微课在课堂教学中具有多种形式，包括但不限于讲授、问答、启发、练习、合作学习和自主探究等多个方面。不同种类的微型课程同样适用于不同的课堂教学。例如，练习类微型课程以实际训练为主，其主要教学内容为练习法。这种微型课程适用于学生在教师的指导下，通过自觉的控制和校正，反复完成特定的动作或活动，从而形成技能和行为习惯。对于工具性学科而言，如语文、英语等，它是一种相对较为适宜的选择。一般而言，一次微型课程可以对应一种微型课程类型，但也可以同时融合两种微型课程类型。然而，由于教师们的应用思维相对滞后，所以在实际操作中无法充分发挥其应用价值。

2. 微课教学内容规划欠佳

微课教学的核心在于规划微课内容，这是教学过程中至关重要的一环。首先，微课内容的合格与否，主要体现在教学目标、教学内容和教学评价三个方面，其中教学目标必须与高校英语教学目标相一致，以确保学生们掌握一定的英语知识并具备基本的英语运用能力；其次，教学内容应当确保学生在自主学习的过程中能够轻松理解、熟练掌握，不能脱离实际教学需求；最后，为了提高学生的学习效果和教师的教学质量，教学评价方面应当注重激发学生的学习热情和教师的教学能力。然而，微课教学内容的引用并未得到充分的评估，其内容存在不合理之处，从而导致教学效果大幅下降。

3. 微课教学课堂设计不合理

微课教学作为一种教学辅助手段，在课堂教学中扮演着至关重要的角色。因此，如何巧妙地运用微课教学成为教学过程中不可或缺的关键环节。许多教师错误地认为微课教学可以完全替代教学，从而随便使用微课，将教学职责完全交给了微课，甚至出现了追求微课数量的行为。然而，微课在课前导入环节和重难点内容教学中的应用需要教师们结合教学内容和教学对象进行精心设计，这些都是值得深入思考的问题。

4. 高校的英语微课研发能力欠佳

部分高校英语教学应用的教材源于自主研发，而另一部分则来自外部采购，这导致了对微课研发工作的后续偏差。微课研发所需的课程资源、师资力量以及经费等方面的投入都是相当巨大的。高等院校对英语微课设计的重视程度，直接影响到所研发出来的微课的质量的优劣。然而，我国部分高等院校对于微课研发教学工作的重视程度并不尽如人意，且未能对微课研发小组进行针对性的划分。

三、高校英语微课教学改革策略

（一）在英语课堂教学各环节中的应用建议

1. 在课前预习中的应用

相较于高中英语教学而言，高校英语的授课难度有所提升，学生需要掌握更为广泛的知识，同时教学内容也变得更加复杂和抽象。为了确保学生能够顺利理解和掌握英语知识，必须进行充分预习，认真研读教材内容，以便更好地掌握相关知识。由于英语知识的高度抽象性和复杂性，学生在预习过程中常常感到无从下手，从而难以获得理想的学习成果。在进行某一知识点的讲解之前，教师通常会要求学生在课前进行预习，然而在这一过程中，学生常常会遭遇各种问题，久而久之，他们就会产生一种厌学的情绪。在这种情况下，教师可以设计微课视频，以英语知识为主线，将知识点相互关联，从而降低学生的预习难度。为了帮助学生更好地理解和掌握英语相关知识，教师可以利用动画视频设计微课，以提高学生的学习效果和语言表达能力。

2. 利用微课打造虚拟课堂

在我国的教育现状中，雨课堂和中国大学慕课等平台是主要的前线教学和学习平台，这些平台上的许多课程都是具有开放性的。现今的教育注重高效和共享，教师可以将资源上传至网络，以吸引更多的学生参与在线学习，从而最终提升课堂教学的质量。在雨课堂中，教师可以随时随地获取学生的学习状况。在进行新知识的讲解之前，教师可以在雨课堂上发布预习作业，要求学生在线完成，以便学生更好地掌握知识；当课程结束后，教师还可以进行线上辅导或答疑等活动，以帮助学生及时掌握所学内容。另外，此平台为教师提供了一个了解全体学生完成作业情况的机会。

通过利用虚拟课堂，教师可以更有效地对学生的学习过程进行在线监督，从而提升学生的学习热情和自主性。教师可以将微课视频上传至某网络平台，或者通过直播教学的方式与学生实时互动交流。教师可以直接从网络上获取微课视频，并对其进行适当的加工，以确保微课内容更加贴合实际的教学需求。有些微型课程的时长较长，其内容也相对枯燥乏味，因此教师需要运用剪辑技巧，将多个视频组合起来，以提炼出主要内容。教师亦可以根据自身的教学需求，自主制作微型课程的视听资料，当然这就需要教师必须具备深厚而广泛的专业知识，同时还必须精通信息技术，方能胜任此项任务。通常情况下，学生普遍表现出一定的向师性，而教师录制的视频则具有一定的权威性，能够更好地锻炼学生的注意力，使其更愿意全神贯注地观看。微课录制由教师精心制作，更贴合学生的个性特征，更易于满足学生的学习兴趣，同时也有助于学生更加轻松地实现微课教学的目标，从而使英语知识的学习变得更加容易。

3. 在口语教学中的应用

学生在学习英语知识的过程中，应当积极融入口语练习活动，以提升口语表达的能力。教师应结合学生的实际情况选择合适的教学方式进行英语口语训练。由于大学英语的授课时间相对较短，学生的学习时间受到限制，班级内的学生数量较多，所以教师无法全面照顾所有学生，也无法确保所有学生都能够完成口语练习。因此，在这种情形下，为了帮助学生快速提升英语口语水平，教师可以借助微课对其实施有效的指导。在具体的教学过程中，教师可以利用网络资源寻找相关视频资源，将发音规范的对话、口语视频等内容分享给学生，引导学生根据个人学习情况，跟随视频内容朗读和学习，从而达到提升口语表达能力的目的。每周，教师可以确定一个口语主题，并以此为中心设计微课，其中包含关键的语法和词汇，提供具体的口语交际实例。还可以选择一些与主题密切相关的其他语言材料或生活实例作为补充信息，引导学生结合这些材料进行交流合作，并通过讨论来完成任务，以此培养学生的英语口语能力。在授课过程中，教师可以展开与主题相关的口语表达活动，以进一步完善话题内容，为学生提供更具针对性的指导和培训。

4. 在听力教学中的应用

听力训练在英语教学中扮演着不可或缺的角色，是确保学生在学习过程中获得高质量语言表达的重要环节。学生若具备出色的听力水平，便可以快速梳理关键知识，从而更加流畅地进行口语表达，顺畅地组织语言并进行交流。在高等教育英语授课中，教师可以充分利用微型课程来构建更加轻松、自由的听力环境，逐步培养学生的听力素养。教师可以运用《老友记》中的内容，将其嵌入微课中，以达到隐蔽视频字幕的目的。一旦完成视频的制作，教师即可运用微信公众号进行推送，要求学生从众人的言谈举止中提取信息，反复聆听以巩固口语表达的技巧。在课堂上，教师得以还原微课中的字幕，从而引导学生在聆听和观看的过程中检验听力效果，纠正错误和疏漏，规范发音，提高学生捕捉英语信息的能力。

5. 在英语写作教学中的应用

在高校英语学习中，跨文化交流是一项常见的任务，然而，学生在写作过程中常常会遭遇语法错误、词汇匮乏、逻辑混乱等问题，这表明他们的语言表达能力尚不够强大。这种情况下，教师可以通过微课来帮助学生解决以上问题，提升他们的写作能力。就写作内容而言，教师可以设定话题并设计微课，同时在微课中加入与话题相关的范文，要求学生对其中的写作方法、技巧和文章结构进行分析，以便让学生了解长句设计和高级词汇表达的优势；就写作形式而言，教师可以通过它向学生展示文本之间的逻辑联系，从而提高他们的写作能力。通过在线平台对学生的作文进行点评，教师可以进行在线的完善和修改，从而逐步提高学生的写作能力。

（二）微课视频的设计和制作技巧

1. 精心挑选微课资源

为了让微课视频更加生动、有趣，内容更加丰富，教师需要精挑细选各种类型的视频资源，包括电影、动画图片、新闻等，借助互联网技术来巧妙运用。对于英语词汇的辨析，教师可以运用思维导图和词汇框架，从新闻和名言名句中寻找应用案例，以达到更高效的教学效果。当学生在学习词义的引申时，他们需要理解词义的具象化、词义的抽象化以及词义在语境中的引申等。因此，教师可以挑选课本中的句子并加以归纳。在进行教学时，教师应当留意词汇的引申义和本义的变化，并在不同的语境下引导学生分析词语的不同含义，以达到更深入的理解。微课教学目标和课堂教学内容的真实呈现需要教师运用多种素材，如图片素材、视频素材等，并在视频中巧妙地穿插提问、知识拓展等，以达到更高层次的教学效果。通过提供丰富的视频素材，可以有效提升微课视频的品质，激发学生的观看热情，从而达到卓越的教学效果。

2. 采用先进的视频编辑软件

微课教学的成功与否取决于视频的质量、清晰度、流畅度以及内容的连贯性和层次感，这些因素共同决定了学生的观看体验。为了凸显微课视频的核心内容并吸引学生的注意力，高校英语教师需要运用多种先进的视频编辑技术，包括录制、剪辑等方法，以达到最佳的教学效果。在制作微课视频的过程中，教师需要对关键内容进行精细的解析，以帮助学生通过微课视频深入了解具体的知识点，从而提高他们在英语知识应用方面的能力。目前，备受青睐的微课视频编辑工具涵盖了 Course Maker 微课制作软件、会声会影软件、Premiere Pro

视频编辑软件、爱剪辑软件以及电脑录屏软件等第三方平台工具。为了提高英语课堂教学与微课视频的契合度，教师需要通过广泛的学习和经验积累，掌握高效的微课制作方法，并不断优化微课视频内容。

3. 明确微课的核心内容

在制作大学英语微课视频时，教师需要明确微课的核心内容，凸显微课的主题，以便使学生能够快速融入学习中。为了确保微课教学的有效性，教师应根据实际情况选择合适的微课时长，同时要保证其能够符合学生的心理需求和接受能力，从而提高课堂效率。教师在传授英语知识时，应当注重知识的形式，避免内容的空泛和学生兴趣的丧失。例如，教师通过在微课视频中引入自然灾害的图像，可以向学生展示与环保相关的英语单词，同时引入与环境问题相关的英语新闻，从而提高学生对课文内容的认知水平。微课视频的授课内容并非全面详尽，而是需要教师提炼出一两个关键知识点，作为重点讲授内容，为课堂教学提供有力支撑，从而降低教学难度，充分发挥微课教学的作用。

第三节　高校英语教学改革之慕课

一、慕课教育的产生

慕课从问世至今，虽短暂但其孕育发展之路却是漫长岁月的结晶。确切地说，它可以追溯到 20 世纪 60 年代的某个时刻。1962 年，美国的发明家和知识创新者道格拉斯 · 恩格尔巴特（Douglas Engclbert）提出了一项研究计划，呼吁人们将计算机技术运用于学习过程中，以此作为改革“破碎的教育系统”的一种手段。这一举措很快得到了教育界人士的支持与响应，许多学校都开始尝试采用新技术来改进传统的课堂教学模式。

（一）学界对慕课教育的探讨

教育大辞典将“教育”界定为一项旨在传递人类社会生活经验、促进个体成长的综合性社会活动。教育的发展受到社会生产力、生产关系、经济基础和上层建筑等多种制约因素的影响。因此，在不同的社会历史阶段，教育被划分为古代、近代和现代三个纵向阶段。慕课教育的诞生源于现代科学技术和教育理念的融合，所以，慕课教育应被视为现代教育的一种形式，以适应当今社会的需求。此外，还有一些人将传统教育和现代教育视为一种独特的概念，即将德国教育学家赫尔巴特的教育理论称为“传统教育”，而美国教育家杜威的教育理论则被称为“现代教育”，强调“传统教育”以教材为核心，注重传授知识；现代教育注重以学生为中心，强调学生的主体地位和主动性，强调学生在学习过程中的积极参与和自我发展。慕课教育作为一种现代教育的形式，体现了主体性地位、自主学习、能力培养以及个性化发展等方面的卓越表现。那么，何谓慕课教育呢？确立其概念的确切范围是进行下一步研究的基石。从具体上来讲，慕课教育是以关联主义、人本主义和自我教育理论为基石，借助信息化和大数据技术的支持，以在线的慕课、微课和线下的翻转课堂为媒介，以问题为核心，在教育者的指导下，培养学习者的学习能力，提高教育效益，促进学习者个性化发展，这是一种全新的教育模式。从这个概念可以推断出，慕课、微课以及翻转课堂都是慕课教育所采用的线上和线下媒介，它们的目的在于协助学习者实现个性化学习，以达成慕课教育的目标。

（二）慕课教育的特点

慕课不同于网络公开课和国家精品课，其独特之处在于其强调大规模、公开化和实时在线交流的特点。

慕课的授课规模不受限制，可容纳多人授课，亦可容纳数百、数千、数万甚至更多的学生；所涵盖的课程活动范围极为广泛，其规模之大令人瞠目结舌。

慕课教学实现了公开化，使得学习者能够跨越国界、种族等限制，自由选择适合自己的课程，从而实现了“培养所有人才”的目标，同时学习环境也是开放的，不受教室地域的限制。

慕课作为一种基于互联网的教学模式，为学习者提供了无处不在的学习平台，无论何时何地，都能够满足他们的学习需求。慕课不受时间和地点的限制，每个教学视频时长为 10 ~ 15 分钟，学生可以充分利用零散时间提升自我，同时可以根据个人实际情况灵活掌控学习进程。在慕课教学的全过程中，学生扮演着学习的核心角色，他们可以通过各种辅助教学手段与教师进行互动交流，从而促进学习的顺利进行。由于活动的决定权完全掌握在学生手中，所以他们表现出了极高的兴趣和积极性，能够主动参与其中。

（三）慕课教育体系的涵盖部分

慕课是一门基于网络平台的开放式在线课程，其教学内容为在线视频课程，由教师和专家学者进行传授，注册学员则是慕课网络在线平台的学习者。

1. 网络平台

慕课的建立离不开网络平台这一重要基石。在教学实践中，利用慕课平台开展教学活动具有重要的意义。网络平台为慕课课程资源的呈现和慕课课程参与者之间的互动交流提供了一种便捷的渠道。慕课网络在线教育平台是一种利用互联网技术搭建而成的教育平台，它向公众免费开放，为教师提供教学场所，同时也为学员提供丰富的学习资源。这个平台不仅为学员和老师之间、学员之间搭建了交流的平台，还实现了学习资源的互动共享。慕课在线网络平台还有教学管理和学员学习考核等功能。除此之外，网络平台是慕课在线网络平台的核心组成部分，是慕课教育革命的关键载体，承担着所有使命的重要任务。慕课网络平台内部划分了不同的分类，依据所涉及的教育属性不同，可以分为服务高等教育的慕课平台、服务基础教育的慕课平台以及服务职业教育的慕课平台。

2. 网络视频课程

慕课课程的授课结构涵盖了短视频、嵌入式小测验、课后测验、结业考试、课程讨论区等多个方面，为学生提供全方位的学习体验。通过微课的形式让学习者自主掌握知识点，在一定程度上弥补了传统课堂教学时间有限的问题。通过设置慕课网络课堂嵌入式课程测试与评估，不仅能够提升学员的学习参与度，还能够激发学员的学习热情，从而有效提升教师的教学质量。慕课网络课堂教学模式将传统课堂和网络技术相结合，打破了时间和空间的限制，使得学习者能够随时随地进行在线学习。慕课网络课堂嵌入式课程测试与评估的设置，不仅能够提升学员的学习参与度，还能够激发学员的学习热情，从而提高教师的教学质量。值得特别提出的是，慕课网络课堂内的所有课程视频均可供学员下载并反复观看学习。在慕课网络课堂中，学员们可以在多个讨论区中进行互动交流，有些授课教师也会积极参与其中，或者有教学助理向老师反馈学员们热议的问题，然后老师会继续集中解答。有些学员不满足于单一的网上讨论，甚至会通过网上约定特定的时间和地点，亲自见面讨论学习情况。慕课网络课堂不仅实现了教育资源的优化共享，还通过学员与教师以及学员之间的交互沟通以及线上课程测试与考核的结合，建立起了完整的课程结构，从而显著提升了学习体验和学习质量，与其他远程教育或在线教育形成了明显的差异。

3. 教师

慕课在线网络平台是由教师主导的，他们通过录制讲课视频来传授知识，任课教师则是其中的一员。慕课课堂的教师和传统教师的职责有所不同，虽然都是授课，但是慕课网络课堂的任课老师需要提前录制讲课视频，设计微课堂的课堂小测以及在课后登录网络平台为学员解答疑惑，而不再是像以前那样在固定的教室里面对面地授课了。慕课网络课堂对任课老师的要求十分严格，不仅需要具备专业知识的深厚功底，还必须掌握多种授课技巧，因为他们要面对来自全球各个国家和各个社会阶层的学员，需要获得更多人的信任和认可，只有专业素养高、授课内容精湛、授课方法独具匠心才能获得更高的点击率。

4. 学员

学生是慕课在线网络平台的核心，他们不仅仅是课程的听众，还是课程的参与者，他们积极参与课程的交流、测试和考核等各个环节。此外，慕课学生来自世界各地，不同种族和语言的多样性为慕课网上的学习资源增添了更多元的色彩。学员们加入慕课的学习动机和需求各不相同，有些人希望通过名师的指导来弥补自己的知识空缺和完善知识结构，有些人则只是出于兴趣爱好而加入，有些人在工作之余会进行学习来提升自己，有些人则是出于对新知识的渴求和对社会潮流趋势的追求而不断学习。慕课在线网络平台的学员普遍具有较高的学历水平和多元化的知识结构，这是他们整体上的共性。

除了基于网络平台、课程、教师和学员的基本构架，慕课还需要依赖互联网先进技术、资金注入、国家政策支持以及高校、教育机构和互联网企业的积极参与和推动，这些都是不可或缺的重要组成部分。技术的发展为慕课的兴起提供了有力的支持，网络的普及也让电脑成为人们生活中必不可少的工具，人们也开始逐渐习惯于通过网络获取新的知识，而大数据、人工智能、云计算等先进技术的应用更是为慕课教育资源的高效共享提供了便利。慕课快速发展的一个重要原因是同时大量投入资金，商业化运作能够吸引更多的优秀资源，进而使管理更加规范，运作更加高效。慕课的快速发展得益于国家政策的积极推动和引导，同时高校、互联网企业、教育培训机构也扮演着重要的角色，它们是慕课发展的推动力量。在慕课的发展历程中，它们都起到了不可或缺的作用。

二、高校英语慕课教学的应用

（一）确保高校教学体系的完整性

慕课教学模式的确立，遵循着高度严谨的科学体系，同时融合了学校教育的逻辑性与严密性。通过采用慕课教学模式，高校英语教学体系得以进一步完善，从而保障了高校教学体系的完整性。具体体现在以下两个方面：首先，采用慕课作为高校英语教学的授课方式，能够有效提升学生的学习体验。慕课以人类认知规律为基础，将相关信息大数据进行有机组合，从而呈现出一种全新的认知模式。因为高校英语教学内容的安排更加贴近学生的需求，所以更容易被学生所接受。可以在极大程度上提高高校英语教学质量。其次，慕课平台为学习高校英语课程的学生提供了一种基于学习者自主性和探究性等多种学习行为的数据构建方式，从而方便平台和教师对学生的学习情况进行评估。同时，平台对学生的数据进行深入分析，为学生提供了一个逼真的模拟教学环境，从而实现了有针对性的教学，有助于学生更好地掌握知识。从这个视角来看，运用慕课这一教学方式于高校英语教学中，具有极其重要的意义。

（二）能够增强课堂教学的互动性

相对于传统的教学方式，慕课平台拥有极为强大的互动性。即便学生们分布在不同的地方，他们也能随时与教师和其他同学交流，解决在学习过程中遇到的问题，这一切都得益于网络平台的存在。这种做法可以激发学生的学习热情，大大提高他们的学习兴趣，同时也能促使他们学习更多的知识，从而提高他们的学习成绩和能力。比如说，当学生在学习大学英语时遇到难题，可以利用慕课教学的方式，在网络上与教师和其他学生互动讨论，寻找解决方案。因为讨论空间宽敞自由，学生可以自由发表各自的观点，从而激发学习潜力，增强学习的积极性。

（三）有利于学生自主学习

慕课平台为学生提供了各种课程，学生可以根据自己的学习需求和兴趣选择相应的课程进行学习，从而实现个性化学习和发展。利用慕课教学模式，可以有效激发学生自主学习的兴趣，提高学生的思维能力。例如，学生可以通过慕课系统的开放性，在登录慕课平台后，根据自己学习方面的具体情况，选择相应的专项进行学习。通过这样的方式，我们可以进一步扩大学习领域，同时也能够充分满足对学习多样性的需求。此外，通过采用多元化的授课方式，慕课能够激发学生对学习的强烈渴望。由此可以看出，慕课教学模式在高校英语教学中的应用，能够激发学生的自主学习能力，从而实现教学效果的最大化。

三、高校英语慕课教学的创新与改革

（一）创新策略

为了推进和实施素质教学，必须在高校英语教学中引入慕课教育模式，以推动高校英语教学效果的提高。具体而言，我们可以从多个角度入手，以达到更深入的探究。

将传统的教学模式与慕课相融合，可显著提升高校英语教学的成效。为了创新高校英语教学模式，我们需要将科技视为一种媒介，探索符合学生实际情况和社会需求的创新模式，而不是单纯依赖现代科技技术。高校英语教学模式的创新需要师生共同探索和适应，这是一个漫长而复杂的过程，短时间内难以实现。为了引入慕课教学模式到高校英语教学中，必须综合考虑教师的教学水平、学生的学习能力以及教学设备的更新情况等多个因素。因此，为了创新大学英语教学模式，需要采取分步骤的策略。在实际的教学实践中，需要根据学生的具体情况，对慕课教学课程进行精心的规划和设计，以确保其与传统的教学课程相互渗透，达到最佳效果。

将慕课教学融入教学评价体系之中。将慕课教学纳入高校英语教学评价体系，逐步推进高校英语教学模式的创新和改进。一方面，高等教育中的英语教师应当重视慕课教学的品质，同时将其纳入教学评估机制之中。换句话说，只要学生参加慕课并通过考试，就有机会获得学分，这是他们学习的一种方式。

通过加强对大学英语的重视，优化教学体系，使其日臻完善，从而加强学生对该领域的认知和理解。另一方面，对于学生而言，参与慕课课程评价机制的制定并提出各种评价方式的意见，是一种可行的方式，同时也是一种直接接受并应用的方式。通过激发学生对英语学习的热情，挖掘学生在英语学习领域中的潜能，从而实现英语学习的全面发展。

（二）改革路径

1. 科学设计、整体规划

大学英语教学以慕课为基础，旨在培养学生在语言交际方面的能力，从而提高其交际水平。为了将理论与实践相融合，教师需要根据自身的实际情况，明确课程的定位和教学要求，并根据慕课平台的特点，精心设计每个课程内容，将其划分为多个模块，包括新课预习、巩固练习和考试测验等，采用线上微课和线下辅导“双管”齐下的方式进行教学。利用线上微课，学生可以通过预习并系统学习每个单元的知识点，从而提高学习效率和质量。为了帮助学生更好地理解和掌握所有知识点，慕课平台提供了小组交流和分组讨论的环节，以帮助学生克服学习中的重难点。这样不仅能够提高课堂效率，还有利于激发学生对英语听力的兴趣，提升自主学习的意识。在教学过程中，教师应当持续关注学生的需求，为他们提供有针对性的方法，帮助他们掌握那些难以理解的知识，从而培养他们的英语综合应用能力。

2. 创新教学模式

当前，大部分教师已将传统教学方式与网络教学相融合，以拓展和丰富教学手段和模式。当然，慕课教学的成功与否取决于教师是否能够确保其教学质量，而非仅仅停留在形式上。慕课的独特之处在于，它为教师提供了一个录制丰富多彩视频的机会。这类微型视频短而精悍，质量卓越，为学生提供了随时随地学习的便利，使得他们可以将零散的时间全部用于学习。如此一来，学生的生活不仅得到了充实，而且学习效率也得到了显著的提升。微型课程的形式多种多样，包括但不限于动画、演示文稿、文字素材、音频和图片等多种形式。微课教学以“问题情境”作为切入点，让学习者通过对某一知识点的深入探究来理解知识。在学习微课的过程中，若学生感到困惑，他们可以与教师进行线下面对面的交流，共同探讨并寻求解决方案。通过线上与线下的协同合作，学生得以更加深入地掌握核心知识，攻克难点，从而提升学习效能。除了与教师进行交流讨论，教师还可以根据教学内容和每个学生的学习情况，合理地划分小组，并从中选出一位小组长。如果小组成员遇到任何问题，他们可以向小组长汇报，并在小组内自行解决，对于那些无法处理的问题，再寻求教师的帮助。这样不仅能让学生更快地理解和消化新知识，也提高了同学间的合作能力。小组成员可以共同参与慕课，通过在线练习巩固已掌握的知识。当然，小组成员可以策划并实施多种形式的活动，包括课堂讨论、情境表演、写作训练等，以巩固他们的核心知识。这样既丰富了课堂教学内容，又激发了他们的学习兴趣和积极性，也有利于培养他们的合作意识和团队精神，增强交流与沟通，从而提升语言交际水平。总之，慕课为学生提供了一种提升英语综合运用能力的机会。

3. 加强师资队伍建设

在慕课教学平台上，汇聚了众多前沿学科的教学资源，为高校教师的培训提供了极大的便利。通过使用慕课平台，教师不仅能够发布自己的授课视频，还能够获取最新的专业知识，从而提升自身的专业素养和技能水平。通过参与慕课，教师得以将所掌握的最新知识传授给学生，从而全面提升教学水平。慕课为教师提供了一个交流、沟通的平台，通过上传教学视频、教学内容和课堂问题处理情况等内容，教师们可以相互学习彼此的长处，从而改变传统教学中由于缺乏教师合作而导致的教学重复和低效的问题。慕课教学视频的卓越表现离不开教师团队的集体智慧和教学资源的共享，这是不可或缺的。慕课的卓越之处在于它能够激发教师之间的相互借鉴与学习，从而不断提升整体的教学水平。

4. 推进慕课建设实现资源共享

随着计算机和网络的广泛普及，大学校园内的计算机辅助教学得到了强有力的支持和保障。在慕课平台的微课视频中，学生已经形成了对英语专业知识的共同认知。慕课平台的开放为学生提供了一种便捷的学习方式，使他们能够更加高效地掌握知识。当然，学校可以为师生提供一个交流平台，使学生能够接触到教师提供的英语资料、课程视频以及课后作业等多种内容。慕课平台所提供的多种优质教学资源形式，为我国大学英语教学提供了可以借鉴的经验，有助于提升教师的综合素养。尽管慕课为大学英语教学模式带来了创新，但它并不能替代传统教学。因此，需要教师不断探索合适的途径，以推动大学英语教学的不断发展。

第四章　高校英语教师发展概述

教师的专业发展是指教师在职业生涯中为满足教学需要、适应社会进步、提高自己能力和水平而进行的培训、学习、反思和升华的过程。本章节内容为高校英语教师发展概述，依次介绍了高校英语教师发展内涵与发展意识、高校英语教师的知识结构和能力结构、高校英语教师发展面临的机遇与挑战这三个方面的内容。

第一节 高校英语教师发展内涵与发展意识

一、高校英语教师专业发展内涵

（一）教师专业发展内涵研究

1. 国外学者对教师专业发展的研究

哈格里夫斯（Hargreaves）和富拉恩（Fullan）强调从知识与技能的发展、自我理解、生态改变三个方面来理解教师发展。

哈格里夫斯认为，教师专业发展包括知识、技能等技术性维度以及道德、政治和情感的维度。

戴（Day）的界定比较综合，他指出教师专业发展包含所有自然的学习经验和有意识组织的各种活动，这些经验和活动有益于个体、团体以及课堂教育质量的提高。

伊文思（Evans）认为，教师专业发展的根本是态度上的改善和专业表现的改善，简单说就是态度和功能的发展，态度的发展包含知识性发展和动机性发展，功能的发展体现为程序性发展和生产性发展。

2. 国内学者对教师专业发展的研究

关于教师专业发展，国内学者有着不同的理解。

在呼伦贝尔学院朱玉东教授的看法中，教师的专业成长是一个伴随着教师专业信念、专业知识、专业能力以及专业情感等方面不断完善的过程，这是教师一生中专业素质成长的必然结果。

华东师范大学唐玉光教授指出，教师作为教育专业人员，要经历一个由不成熟到相对成熟的发展历程。成熟是相对的，发展是绝对的。教师专业发展空间是无限的，发展内涵是多层面的，包括知识、技能、能力、态度和情谊。

根据华中科技大学朱新卓教授的观点，教师的专业发展是一种基于知识、技能和情感等专业素养提升的过程，它代表了从非专业人员向专业人员的转变过程。

还有的学者认为，教师专业发展包含两方面的含义：一是如何促进教师专业化，提高教师职业素养的过程；二是强调教师的自我觉醒意识，认识到教师作为教育教学的专职人员，有特定的行为准则和高度的自主性。教师专业发展贯穿于整个职业生涯，这不仅是时间上的延续，更是教师心理素质的形成与发展过程。

综上所述，教师专业发展是以教师个人成长为导向，以专业化或成熟为目标，以教师知识、技能、信念、态度、情意等专业素质提高为内容的教师个体专业内在动态持续的终生发展过程，教师个体在此过程中的主体性得以充分发挥，人生价值得到最大限度的实现。

（二）高校英语教师的专业发展

教师的专业发展是指教师在职业生涯中为满足教学需要、适应社会进步、提高自己能力和水平而进行的培训、学习、反思和升华的过程。一名合格的大学英语老师应该具备以下素养：英语教学信念、英语教学相关的知识、英语教师应具备的能力、职业道德和情感态度、健康的个性心理和自我发展需要的自觉性。大数据时代的到来给大学英语教师的专业发展带来了机遇，教育的信息化和网络的便利性使英语课堂变得更加生动活泼和丰富，时事新闻、热点话题和热映的电影等视频材料的加入也使本来枯燥的知识讲解更富于趣味性。课堂上，学生不再一味地埋头记录，反而有更多的时间可以进行交流互动和任务活动。不同于以往的英语教师只能依靠自身经验和理念灵感来分析学生的特征和学习特质，现在有了大数据作为支撑，海量的信息真实可信，提取的大数据基本无须筛选或二次加工，即大数据本身所具有的量大、多样、高速等特点和快捷可靠的数据分析功能为教师的教学和科研工作提供了很多的便利。

高校教师从事的是一种教育性和学术性兼具的专门职业。教育性和学术性是高校教师最基本的特质，是教师职业生涯的核心，也是衡量高校教师专业发展水平的重要价值尺度。

从教师角色和高校教师的专业性质分析，高校教师专业发展的内涵应包括教学、科研和社会服务的专业知识、专业技术、专业能力和专业素质。换言之，高校教师专业发展是指教师个体在其整个职业生涯中，依托专业组织，通过不断的学习与训练，使专业知识与技术、专业能力、专业道德等方面由不成熟到比较成熟的发展过程，也就是一个新手发展成为专家型教师的过程。

在高校教师发展的早期阶段，研究的重点在于提升教师在专业领域的技能水平，而随后则扩展到了提高教师教学能力的研究领域。特别是在 20 世纪 80 年代以后，随着社会的发展和高等教育水平的提升，这一研究逐步引入有关个人职业晋升的职业发展，通过个人发展带动和促进组织发展，个体人际交往和对生活的理解等。这些变化充分说明高校教师专业发展概念的内涵应该视具体时期、具体情况而定。因此，在不同类型的高等教育机构中，教师专业发展的内涵也会根据具体办学目标、办学特色等方面的差异而有所侧重。

高校教师专业发展是大学教师在整个专业生涯中为提升专业水准与专业技能，依托专业组织，自觉学习并实施的各项专业活动，目的是改进教学效果，促进一个优秀的教育工作者的专业成长。高校教师的专业发展是一个不断更新、丰富、演进的过程，其中教师通过接受专业培训和自我学习，逐渐成长为专家型和学者型教师，并持续提升自身的专业水平。

二、高校英语教师专业发展意识

（一）教师的专业发展意识

1. 专业理想意识

教师的专业理想是指教师对自己发展成为成熟的专业教师工作者的追求和向往程度。它对教师的专业发展有非常大的影响，这不仅给教师们提供了目标，还对教师们的发展起着推动作用。教师的专业理想包括教师的工作积极性、专业发展动机以及对自己专业的兴趣程度，即教师对自己职业的追求和向往。如果教师具备对自身职业的专业理想和意识，那么他们会对自己的职业产生浓厚的兴趣和热爱，并且会全身心地投入教学工作中，表现出高度的认同，同时还会不断提升自己的专业能力和素质。如此一来，这样不仅可以提高教育者的自身教育价值，还可以满足社会对教育的需要。教师的专业理想影响因素也有很多，如学校对教师工作的支持程度、教师自身的专业程度、学校领导的思想观念等。教师专业发展过程涉及最多的场所是学校，因此学校领导要给予大力的支持和帮助，树立教师的专业发展意识，培养教师的专业理想意识。

2. 反思与科研意识

反思和科研能力在教师专业发展的道路中都扮演着重要角色，教师应当对自己的教学工作有全面的认识，从多方面发现自身存在的问题，正视自身的不足，找出相应的解决方案，不断完善与提升自我。教师需要留意教学中出现的问题，与学生及时沟通，不断优化教育教学方法。除此之外，科研意识在教师迈向专业化道路上占据着重要的地位，教师应当深入科研活动，增强科研意识，从根本上重视科研意识的培养。就教师科研意识培养而言，可以从两方面出发：第一要奠定良好的理论基础，系统学习科研方面的知识，将科研与教育学研究紧密联系、相互渗透；第二要理论结合实践，通过实践探索、分析推理，不断提升科研意识以及创新意识。

3. 学习专业发展理论的意识

教师之所以学习专业发展理论，是因为这些理论知识不仅在一定程度上可以辅助教师教学，还可以不断提升教师的专业化水平。除此之外，对于教师今后发展或者教学能力都有提升作用，这样也可以使教师正确认识到自身教学的不足，进而全新地审视自我、完善自我，还可以帮助教师更好地规划今后的发展，制订一系列可行计划。总而言之，增强教师学习专业发展理论的意识，主要有以下两点优势：第一，可以转化为教师迈向专业化道路的动力，增强教师的教育责任感；第二，可以实现教育教学上的小目标。只要教师能够全面认识自我、完善自我，对教育充满热爱，便可以对今后的教育事业作出系统的规划，不断发展并创造尽可能多的提升专业化水平的机会，并且发展一切有利于专业发展的因素，激发教师潜在的专业素养，从而优化教学以及不断提升自我。

（二）数据时代高校英语教师的专业发展意识

与大数据时代所提供的方便相比，大学英语教师需要面对更多的是来自各方面的挑战。

一是教学模式方面的挑战。随着网络微课、慕课以及翻转课堂的兴起和各级精品资源共享课程的建设，高校教育将成为一种和信息网络技术联系密切的实证科学。教学场地的设计、教学计划的安排、学习场景的规划，甚至学生数据的收集和整理，这些过去要靠教师的理念和经验才能获得的内容，如今在大数据的背景下，变成了一种依靠信息网络就能得到的数据。这就要求教师们具备一定的计算机操作能力并且掌握计算机常用软件、网络通信、多媒体教学、网络教学平台应用等技术，才能顺应时代的发展潮流，提升课堂质量，更好地适应大数据背景下的大学英语教学。

二是教师职能方面的挑战。在大数据的影响下，学生不再缺乏英语学习资源，对教师在课堂上传授的信息的依赖性减弱。尤其是在翻转课堂这类教学模式中，语言文化知识的讲解、课文段落句子的分析都能放在课前视频中供学生学习，教师在课堂上更多的是组织小组和个人讨论，发现、分析并解决问题，鼓励学生发挥主动性，在课堂上把英语作为一种交流工具。由此可见，教师的职能和角色发生了显著的改变，教师从之前的资源信息的提供者转变为资源的整合者，从之前课堂的主导者转变为学生合作学习的指挥者和导向者，也是学生学习的评判者和监督者。在大数据背景下，身负多重职能的大学英语教师需要及时调整自己在教学中的位置和角色，适时更新理念，加强新技术、新知识的学习，不断实现自我发展。

三是教学设计和教学评价方面的挑战。进入大数据时代，课堂的主体是学生，他们不仅要从课堂中汲取所需的文化信息，更重要的是利用课堂环境进行语言材料的实际运用，从而实现自主构建知识与能力的目的。这就要求教学设计与教学评价更加多元化，考虑不同类别的学生在学习基础、学习风格、学习效果上的差异，同时通过对学习数据的收集和分析，找出教学活动的规律和特点，设计出符合学生个性化需求的教学和评价方案。

大数据时代的大学英语教学给教师提出了更高的要求，多媒体技术、网络信息技术的不断进步，为大学英语教师的专业发展提供了新思路。大学英语教师应该认识到信息技术发展带来的冲击，利用自己的智慧和经验，多方位、多元化为教学考虑，调整自己的教学方式和教育理念，恰当安排教学和科研活动，努力实现自身专业能力的不断提升。

大学英语教师要符合时代的需求，调整好心态，把压力转化为动力，把问题升华为课题，抓住机遇，积极面对挑战，树立终身学习的观念，了解大学英语的学科特点，关注学术前沿，找准自己的定位，坚持专业发展。在 2017 年颁布实施的《大学英语教学指南》中有明确要求：大学英语教师必须主动适应大学英语课程体系的新要求，主动适应信息化环境下大学英语教学发展的需要，要确立终身学习、做学习型教师的理念，将更新教学观念、提升自身专业水平和素养、研究教学方法和提高教学绩效作为教师自身发展的主要内容，将不断学习和主动参与教学研究及教学改革作为教师自身发展的主要途径，在学院和同事的支持和激励下实现团队的共同发展。

第二节　高校英语教师的知识结构和能力结构

教师的专业化水平主要体现在教师的能力结构以及专业知识结构上，二者的有机融合可以帮助教师正确认识自我，不断优化教育教学方法并向专业化方向迈进。对于英语教师而言，要具备良好的听、说、读、写、译的能力，这也是教师专业化素养的基本体现。同时教师还需要强化学生在这方面的知识，最大化地提升学生的英语水平，在此基础上还要求英语教师的知识面要广、视野要开阔，能够为学生传授更多课本之外的知识，这种能力才是专业化最为直观的体现。

一、教师的知识与能力结构

（一）教师知识结构内容

教师知识结构内容有两种划分：一种将教师的知识结构分为学科知识、一般教学法知识、学科教学知识、课程知识、情境知识、个人生活知识、生活知识七大部分；另一种将教师知识结构划分为本体性知识、条件性知识、实践性知识、文化性知识四部分。本书主要参照后者进行介绍。

1. 本体性知识

教师所掌握的学科知识，如语文、数学、物理等各个学科的具体知识，通常我们也将这些特定的学科知识称之为教师的本体性知识。本体性知识的形成需要满足以下四个方面的要求：第一，对于学科知识的认识与了解，必须具备一定的深度和广度；第二，必须具备对本学科历史的深刻理解，并对该学科的最新进展有全面的把握；第三，涉及本学科的相关知识；第四，具备将本学科知识转化为个人学术造诣的能力，并能够准确地表达出来的能力。教师之所以能够取得卓越的教学成果，是因为他们所掌握的本体性知识扎实可靠。

2. 条件性知识

教师所具备的教育学与心理学知识，构成了其条件性知识的基础。这类知识是广泛存在于教师队伍中的，也是在教育改革实验中必须特别强调的。条件性知识是确保一位教师在教学过程中获得成功的重要保障。教师所掌握的条件性知识，涵盖了学生身心发展、教与学以及学生成绩评价三个方面。研究表明，将教师已掌握的学科知识与课堂实际情境相融合，形成一种与行为相关的知识体系，能够显著提升教学效果。

3. 实践性知识

所谓的实践性知识，主要指的是教师在面对实现有目的的行为时所具备的课堂情境知识及其相关知识，或者更具体地说，这些知识是教师在教学过程中积累的宝贵经验。教师的授课方式与研究人员的科研活动截然不同，呈现出独特的情境氛围。研究表明，在面对内在的不确定性和教学条件时，专家型教师能够作出高度复杂的解释和决策，以便在具体情境下采取相应的行动。一个人的实践知识是由其个人经历所塑造的，这些经验包括个人的目标和计划，以及积累的人生经验所带来的影响。因此，这种知识的呈现方式涵盖了丰富的细节，并以个性化的措辞呈现。

4. 文化性知识

为了实现教育的文化功能，教师必须具备广博的文化知识，以便将学生引向未来的人生之路，这需要教师不仅应具备本体性、条件性、实践性知识，更需要具备深厚的文化知识。在校园中，那些博学多才的导师常常能够获得学生的信任和喜爱，因为他们所拥有的广博文化知识，不仅能够打开学生的心灵世界，更能够激发他们的求知欲望。对于一位教师而言，除了掌握本体性知识外，广博的文化知识同样具有重要的意义，因为它们能够为其实现最佳的教育效果提供必要的支持。

（二）教师的能力结构

1. 一般能力和特殊能力

心理学中把能力分为一般能力和特殊能力，这是对教师能力研究影响较大的能力划分方法。一般能力是指在各种活动中都需要的能力，如观察力、记忆力、抽象概括力、想象力和创造力等。其中，抽象概括力是一般能力的核心。特殊能力是指在某种专业活动中表现出来的能力，比如音乐家区别旋律的能力、酿酒师品酒的能力等。按照这样的划分方法，教师的教育教学能力可以分为一般能力和特殊能力。

2. 模仿能力和创造能力

人类的模仿能力指的是通过观察他人的行为和活动来获取各种知识，并以同样的方式作出反应的一种技能，如新手教师模仿有经验的教师、专家教师的教学。创造能力是指产生新思想或新产品的能力。一个具有创造力的人往往能超脱具体的直觉情境、思维定势、传统观念和习惯势力的束缚，在习以为常的事务和现象中发现新的联系和关系，提出新的思想，产生新的产品。教师作为教学专业人员，既需要模仿能力，也需要创造能力。

3. 认知能力、操作能力和社交能力

认知能力是指人脑加工、储存和提取信息的能力，即我们一般所讲的智力，如观察力、记忆力和想象力。操作能力是指人们操作自己的肢体以完成各项活动的能力，如课堂教学、课堂板书等。操作能力与认知能力是相互联系的，不通过认知能力积累一定的知识和经验，就不会有操作能力；操作能力不发展，人的认知能力也不可能得到很好的发展。社交能力是人们在社会交往活动中表现出来的能力，如组织管理能力、语言感染力、解决纠纷能力等。心理学中关于认知能力、操作能力和社交能力的分类对教师能力的研究产生了重要的影响。

总之，以上对能力的分类是目前经典的能力分类方法，这些分类影响着对教师能力的分类。教师能力研究者根据能力的种类把教师能力分为各种各样的种类，比如教师认知能力、教师操作能力以及教师人际交往能力。心理学中对能力分类的深入研究会进一步促进教师能力研究的发展。

二、高校英语教师的专业知识结构

（一）英语语言知识结构

英语同其他语言学习一样，基础知识十分重要。因此，英语教师首先要具备过硬的基础知识，自身掌握熟练并传授给学生听、写、读、写、译五大基本能力。英语教师如果不具备专业水平，则无法正常开展教学活动。英语教学十分重视语言基本功，英语教师也只有具备强大的语言基本功，才能够传授给学生较为标准与官方的语音语调。英语口语作为英语教学的一大重点，英语教师必须能够讲出一口流利的口语，才能够更好地培养学生的语感。因为教师的发音直接影响学生的发音，并且流利的口语可以充分调动学生学习英语的积极性，能够为学生营造专业化英语的良好氛围，进而提升学生的英语综合素养。除此之外，英语教师还必须具备阅读与写作能力。

（二）普通文化知识结构

英语教师只掌握英语知识是远远不够的，还要具备广泛的知识面、开阔的眼界，因为英语是一门实用性很强的学科，涉及社会的各个领域，并且囊括风土人情、社会科学等众多方面。为了使学生更好地适应社会需求，英语教师应当从多方面传授给学生不同领域的外语知识，使学生真正融入英语学习，在实际生活中能够学会运用英语。

（三）操作性知识结构

教师在具备系统的专业知识体系的基础上，还要建立操作性直接体系。为了能够让学生高效率地掌握教师所传授的知识，英语教师应当采取适当的教学手段。这些其实都离不开操作性知识。所谓的操作性知识，是指教师用于提升教学效果的一类知识。教师获得此方面知识的途径很多，可以通过研究心理学、教育学等课程来获取，也可以通过教师与教师之间的经验分享、沟通交流获取。在实际教学过程中，众多教师在讲授专业性知识与课外知识的方式大致相同，但就最后的教学效果来看存在很大的差异，造成这种现象最主要的原因在于教师严重缺乏操作性知识。在传统英语教学过程中，数字化电子产品以及多媒体设备在课堂中占据重要地位。借助这些设备，学生能够更好地掌握英语教学所要求的听、说、读、写、译五大能力；教师的教学形式也发生了巨大的转变，告别了以前的粉笔与黑板，采用的则是创新型、生动化的教学方式，这些都有助于学生英语能力的提升。

（四）个体实践知识结构

教学方法运用得恰当与否，不仅取决于教师对教材和学生特点的把握是否到位，更受教师本人教学风格的影响。教学的艺术性和创造性正是教师个人对于教学的理解和把握，以及根据教学场景的变化而表现出的随机应变的智慧。这些智慧就是教师的个体实践知识。教师个体实践知识的获得常常要经历十分复杂的过程。要有效获得这种知识，教师不仅需要有深厚的理论功底，还需要在实践中不断积累经验，不断创造性地运用教育教学理论解决教育实际问题。英语教师扎实的语言基础、标准的英语发音、丰富的普通文化知识、熟练的多媒体技术的运用、独特的个性魅力等，都是教育智慧得以产生和发展的肥沃的土壤。每一位英语教师都应该努力去追求，并努力培养具有自己独特个性魅力的教学风格，以使自己成为真正意义上的教学名师。

三、英语教师的专业能力结构

随着信息时代的发展以及教育教学的深化改革，英语教师面临的挑战越来越多。英语教学的专业发展，对英语教师提出了新要求，即教师作为专业人员来为学生传授知识。因此，教师不仅需要掌握扎实的专业知识，还应当在熟练掌握的基础上渗透进英语教学当中，将其转化为教学能力，可以将其能力总结为以下两个方面：

（一）基础性能力结构

教师的能力是其专业化程度的直观体现。英语作为一门专业课程，要求教师具备过硬的基础性能力，这也作为教师能否胜任英语教师的衡量标准。从教师所面对的对象、工作性质、教学模式来看，英语教师应当具备一定的沟通能力、教学设计能力以及教学控制能力。

1. 沟通能力

学会沟通，这是对教师最基本的要求。因为当今的教学不仅是一个为学生传授知识的过程，更是一个陪伴学生成长的过程，所以师生的交流与沟通必不可少。如果教师具备良好的沟通能力，那么在课堂中可以激发学生的学习兴趣，进而提升英语教学效果。沟通也可以极大地促进师生间的关系。对于英语教学本身而言，沟通显得尤为重要，交流是英语学习的基础。英语教学离不开沟通交流，学生只有与教师之间进行沟通，教师才能发现其存在的问题，沟通交流的过程实际上是学生不断进步的过程。教学中最有效的就是沟通交流。因此，具备沟通能力对于教师的教学显得至关重要。

2. 教学设计能力

教学设计是教师开展教学工作中十分重要的能力，集中体现在教师组织教材、开展教学的方式方法等方面。氛围较好的课堂可以充分调动学生学习的积极性，激发学生学习的兴趣。教师新颖的课堂设计，可以吸引学生的眼球，进而提高学习效率。教学设计其实与上述所提到的操作性知识密不可分，但二者不能等同，操作性知识结构完善并不一定意味着教师的教学设计能力较强。教师与教师之间进行有针对性的探讨可以有效提升教师的教学设计能力，主要通过分享不同形式的教学方案、新颖的教学理念等展开论述。在不同教学设计下的课堂存在着很大的差异，这也直接影响学生英语学习的效果。

3. 教学监控能力

确保课堂顺利开展的重要保障在于教学监控，而教学监控的质量也直接影响着预期的教学成果。教学监控能力离不开沟通以及教学设计能力，这实质上是一种综合性的课堂管理能力。教学监控能力可以帮助教师有效地管理课堂，确保每一位学生都能够在课堂中有所收获、有所进步，这是教师在教学过程中最为核心的能力。这种能力的培养需要长时间的经验积累，规律性不强，并且对于教师综合能力要求较高，因此教师若想管理好课堂并不是一件容易的事。

（二）发展性能力结构

随着科技的发展、时代的变迁、教育的深化改革，教师的教学也应当紧跟时代的步伐，逐步改进教学体系以及教学方法。尤其是对英语教师而言，其知识体系以及教学能力必须顺应时代的发展。多媒体设备的从无到有是一个很好的例子，教师以前常用的黑板已经无法满足教学需求，多媒体设备的出现带给教师一种完全不同的上课体验。随着多媒体设备的普及，英语教师所面临的压力也随之增大，教师必须掌握一定的计算机操作技能以及信息处理能力，因为多媒体设备的使用情况直接影响课堂的整体效果，所以对于英语教师而言是一场极大的能力考验。

解决上述问题最好的办法是实践，在实践中不断发现问题并解决，不断解锁新技能与新方法。就教师发展性能力而言，将从以下四个方面展开具体论述：

1. 合作研究的能力

教学专业与其他专业最大的区别在于工作对象的不同。教师所面对的不是静止的物体，而是一个个具有主体思维的鲜活的生命，教学的复杂性、艺术性和创造性皆由此而生。教学活动看似平凡无奇，却蕴含着无限的可能性，教师们不断地面对着新的教学场景和挑战，不断地探索和创新。这些问题的本质在于其个性化、偶然性和情境性，因此需要教师进行自我反思，深入挖掘问题的根源，并寻求解决之道。所以，研究应该是教师工作的一种常态。

培养英语教师研究能力的第一步，是培养教师的批判和反思意识。只有当教师跳出日常经验的限制，对看似平凡的教学现象持有批判性的态度时，才能揭示隐藏在这些现象背后的深刻教育问题；只有通过对日常教学进行深入反思，方能以敏锐的洞察力捕捉那些在教学过程中值得特别关注但容易被忽视的细微之处。简单重复已有的教学经验，是许多教师专业能力退化、教学效能低下的重要缘由。因此，只有教师自己才能改变自己，当教师意识到自己经验的局限性，并通过反思进行批判、调整和重构后，才能形成先进的教育理念，才能总结出有效的教育方法。

当然，英语教师的研究需要与同事进行沟通和合作。教学工作的特殊性和复杂性，决定了教师仅仅依靠个体反思难以实现真正意义上的专业发展。

教师需要与同事一起合作，共同发现问题和解决问题。因而，合作应该是教师研究的主要方式。培养合作能力需要教师有平等开放的心态，有不耻下问、乐于助人的精神，有不计个人得失，把促进学生发展作为教学唯一目的的教育信念和责任感。

英语教师的合作研究能力会在教学中深深影响学生的合作探究能力。这一点在英语课堂教学中表现得更为明显。有合作研究习惯的教师自然会把这种习惯迁移到自己的课堂教学中去，从而使自己的课堂教学更具亲和力和实际效果。长此以往，教师的习惯也会变成学生的习惯，达到潜移默化的目的。

2. 课程开发的能力

课程是联系英语教师和学生的纽带，是英语教师影响学生的重要载体。课程对学生发挥教育作用的大小，很大程度上取决于教师引导学生理解课程的深度。学校的课程权力能否得到真正的体现，新的课程观念能否在教学实践中得到很好的贯彻和实施，学校能否开发出符合学生需要的、具有学校特色的校本课程，都将依赖于教师是否具备并发挥课程开发能力。

3. 创新的能力

唯有创新才能够真正推动教学的进步，因此要将创新能力作为教师的核心竞争能力。根据创新能力的不同，可以将教师大致分为两类，即经验型以及专家型。创新能力具体表现在，教师在课堂中结合不同的教学环境所运用不同的教学方法，在遵循传统教学要求的前提下，又能够将教学开展得丰富多彩、生动形象。这是教师教学的综合体现。创新能力的培养需要日常生活中的点滴积累。教育理念的不断深化以及实践探究，要求教师能够熟练运用多种教育教学方法。当然，教师过硬的基础知识是提升创新能力的基础，缺乏基础知识的教师很难产生创新意识。实践与创新密切相关，二者相辅相成、相互影响。教师的实践能力在一定程度上会影响教师的创新能力，所以提升教师的实践探究能力可以有效促进教师创新能力的形成。

4. 知识管理的能力

随着社会时代的发展和科学技术的进步，教师传授的知识体系和理论也在不停地进行更新和修正。因此，当今社会体制中的授课教师应当对传授科目的知识体系有着系统的认知和独特的理解，时刻关注相关的知识体系，积极学习，积累新知识。在如今的多媒体社会，获取信息的途径多种多样，人们的日常生活中充斥着各式各样的知识体系。在这些庞大的信息知识群体中，有绝大部分对人们而言都没有实际意义。作为一名为学生传道授业解惑的教师，更应当对生活中的庞杂知识信息和知识体系有独特的认知，并在每天所接触到的各类信息中提取出对自己和学生有利的知识内容；对自身的知识体系有一定的管理能力，与教育体系和社会制度实时接轨，紧跟潮流。

和其他教学科目不同，英语作为语言教学需要有广泛的阅读资源和教学资料。因此，英语教师更应当对自己的知识储备有一定的管理能力，能够从生活中庞杂的知识体系里提取出对自己有用的知识资料，在节约自己时间的同时，提高教学质量和教学效率。

第三节　高校英语教师发展面临的机遇与挑战

我国高校英语教师专业发展虽然得到了一定程度上的提升，但是面临英语教学改革的推进，他们的素质与能力已经很难适应当前经济发展对高素质英语人才的需求。因此，当前高校英语教师的专业发展面临着严峻的挑战。

下面以数据时代的特点为切入点，从教学资源、教师角色、师生关系、教学评价和课程设计等方面，分析数据为英语课堂带来的一系列变化。同时，为了顺应大数据时代的发展需求，英语教师同样也面临着一系列的挑战，教学资源信息过载，教师职能从信息传授者到信息整合者的转变以及传统教学方法和评价机制不能顺应大数据时代的发展需求等。因此，教师需要提升自身能力以应对这些挑战。

一、数据时代为我国高校英语教师带来的机遇

（一）教学资源方面的机遇

互联网的飞速进步拓宽了英语教学资源的供给渠道。网络资源能够让教师实现多元化的课堂教学方式，以学生兴趣为出发点，充分利用学生感受加强他们对英语学习的积极性，并且营造良好的课堂氛围。大学教育英语课程教学所提倡使用的现代化教学手段，如大数据、互联网、多媒体以及计算机等，能够让英语教学更上一层楼。但当面的辅导也是必不可少，这是为了确保网络学习拥有良好的效果。在当下的学生生活中，信息呈爆炸式增长，不免会引起他们的好奇心。如果不思改变，那么很难提起学生的积极性，但大数据可以改变这一劣势。在当前的大数据环境中，各种资源层出不穷，这成为英语教师的优势所在。教师可以充分利用这些资源，激发学生的学习兴趣，让英语课堂有更好的学习氛围，使学生更加主动地参与到学习中。

（二）教学评价和课程设计方面的机遇

教师是传统英语课堂的主导者，他们在选择教学资源和设计教学课程时并

不会看到学生的身影。但在大数据环境下，英语课堂中的知识不再以书本为主，而是更注重语言在实践中的应用。教师可以针对不同层次的学生为他们提供合适的教学资源，并引导学生进行积极、主动的学习。教师要把互联网的价值发挥到最大，学生要探索出一套适合自己的学习方式，使英语成为实用的工具，用来解决生活中的实际问题，而不是书本上一个个的知识点。

从教学评价的角度出发，总结性评价是最传统的评价方式，即最终成绩只以考试分数为准，并不重视学生的日常表现，对学生的学习效率、态度、出勤率和平时成绩等指标忽略不见。但在这个大数据时代下，有更多的依据成为教学评价的参考。这是因为收集和分析学生在学习过程中的各项指标，会让教师的评价更加客观、公正，即由总结性评价转变为形成性评价。同时，同行、学生和督导都应该进行教师评教工作，提出自己的见解和意见。教师可以利用大数据反思自己在教学中存在的问题，并及时改正，以达到更好的教学效果。

二、数据时代为我国高校英语教师带来的挑战

大数据是一把双刃剑。它可以为师生提供更多的机遇，但同时也伴随着更多的挑战，如教学的方法、资源、评价和教师职能等挑战。

（一）信息资源辨别方面的挑战

各种没有经过加工的信息随着大数据时代的到来而涌现到互联网上。教师要具备筛选信息的能力，以避免在教学中使用到无用的信息。因为错误的信息会为学生的学习带来阻力。而处理这些数据不仅需要教师付出更多的时间，还会加大教师工作的复杂性，而在大数据背景下教师和学生就要筛选和甄别这些信息。此外，有大部分教师在面对这些信息和资源时会显得束手无策，这时需要一些指导和培训来帮助教师提高筛选和甄别信息的能力。

（二）教师职能转换方面的挑战

现今学生可以通过大数据平台获得无数的学习资源，教师不再是学生获取学习资源的唯一途径，网络为他们提供了更多解决问题的方法和思路。教师不

再是资源的唯一拥有者，如果教师还是按图索骥，使用传统的教学方式，那么将无法符合学生的要求，使学生失去对课堂学习的兴趣，从而不积极、主动地学习。这要求教师要分析不同学生的需求，了解他们的水平，从而筛选出符合学生需求的教学资源；找到学生之间存在的差异，这样才能合理安排教学活动，才能最大程度地发挥出学生的潜能。因此，教师从原本的传授知识的人逐渐过渡成为学生收集和筛选资源的人。这是职能上的转变，可以加强学生学习的主动性，提高他们学习的兴趣。

（三）传统教学方法方面的挑战

大数据的发展让师生开始青睐于远距离授课，如视频、网络课程、微信和微博等。教师怎样才能通过网络资源提高学生学习的兴趣以及如何在下课之后为学生提供更多的知识来让他们提高自身的语言水平，都是教师面临的挑战。口头表达是英语学科不可或缺的一种能力，听只是课堂中的一部分，更多的是如何在实际生活中灵活运用。学生在传统课堂中并没有足够的时间进行表达和练习，但大数据的发展则改变这一劣势、网络平台可以提供丰富多彩的训练方式，时间和空间不再是教学活动的障碍，学生能够随时随地进行教学活动。教师面临的挑战也是不可小觑的，他们要重新选择教学内容、安排教学课程等。这些对于教师而言并不是容易的事，他们需要花费大量的时间和精力。

（四）教学评价方面的挑战

在学习过程中，学生的任何表现都可以在大数据的分析和处理下进行记录，这可以让教师使用形成性评价来评价学生。这要求师生不过度依赖于考试，让学生认真对待平时的学习，不要抱有侥幸心理。学生应在平时的学习中有主动学习的态度，努力吸取英语知识。教师也应利用大数据改进已有的教学模式，从而实现更好的教学成果。

（五）信息素养方面的挑战

信息意识是指信息的主题在信息活动过程中，对客观事物作出相应的能动反应，是教师面对大数据时代的客观环境时必须具备的信息意识。但是对于当今的大学英语教师而言，他们的信息意识还不够成熟。如今是大数据时代，但是很多大学英语教师对信息的价值理解远远不够或是多少有些误解，导致其对信息的洞察力和敏感性大大降低，不能及时地将相关信息技术运用到英语学科教学过程中。

大学英语教师有一定的信息技术教学技能，但是由于信息意识不足，所以对信息技术的教学方面了解有限。除此之外，虽然教师在上课时经常使用多媒体教室等设备，但是对网络多功能学习软件和平台仍然缺乏认知。

由于大学英语教师对信息认识不够成熟，所以教师还需要长时间学习获取、辨别和评价信息方面的能力，并且在教学过程中不断地实践和积累经验。

（六）知识和能力方面的挑战

第一，知识方面的挑战。首先是教育理论运用死板，缺少辩证思维能力；其次是专业学科“重技能，轻文化”现象较为严重；再次是信息意识与信息技能相冲突；最后是教师对教学学科的基础理论知识较薄弱。

第二，能力方面的挑战。在大数据时代，教育的管理模式和评价方式越来越依赖信息技术的处理，使得英语教师必须与“互联网 +”融合，在众多的教学资源中挑选适合自己和学生需求的知识来开展教学。在今后的教学中，大数据的运用越来越广泛，如数据的收集、处理和储存等。因此，教师需要提高业务能力和水平。

第五章　高校英语教师发展实现模式

高等院校的英语教师必须深刻认识到时代的要求和自身的使命，只有不断提升自身的素养和专业水平，才能有效地提高教学水平和效果，从而培养出大批适应时代发展的现代外语人才。本章节内容为高校英语教师发展实现模式，分为四部分内容，依次是自主发展模式、课程改革模式、信息环境模式和合作制模式。

第一节　自主发展模式

一、高校英语教师的自主发展

（一）背景分析

1. 现今人才培养的要求

在党的十九大报告中，提出了进一步扩大对外开放，积极与世界各国和地区进行全方位的交流和合作，推动人类命运共同体的共建，携手努力、共同创造美好未来的目标。

随着全球化的不断深入和时代使命的不断推进，国际交流的需求日益增加，这对外语人才的培养提出了更为苛刻的要求。因此，高校英语教师必须深刻认识到时代的要求和自身的使命，只有不断提升自身的素养和专业水平，才能有效地提高教学水平和效果，从而培养出大批适应时代发展的现代外语人才。

2. 科技迅猛发展的要求

现代科技的迅猛发展，以互联网为代表，彻底颠覆了传统产业的模式，彻底改变了人们的思维方式和理念，给各行各业带来了翻天覆地的变革。在教育教学领域，随着多媒体、互联网、手机 APP 以及其他先进的科技教学产品的不断涌现，传统的教学工具，如教科书、粉笔和黑板，正在逐渐被淘汰。

在当今新的历史时期，随着科学技术的不断进步，教师必须积极应对挑战，必须迎难而上。随着现代科技的发展，网络课程等新兴产物促进了教育资源的共享，使学生能够跨越地域和经济条件的限制，获得他们所需的知识和技能，但这并不意味着仅仅通过互联网就能全面获取相应的专业知识和技能。在课堂、教师和同学之间，相互支持和协作仍然是不可或缺的。这是教育双重性所决定的。教育的价值不仅在于传授知识和技能，更在于激发学生的思辨能力和创造性思维，使他们成为全面发展的社会主义建设者和接班人。

3. 教学改革与发展的要求

改革的成败在很大程度上取决于教师在课堂和改革实践中所展现出的专业

素养和发展潜力。为了提高学生在语言应用、自主学习和跨文化交际方面的能力，高校英语教师必须具备自我发展的意识和能力，并在教育理念、教学内容、教学模式、教学方法和手段、学习方式等方面进行有针对性的创新。因此，在教师自主发展的过程中，不仅需要不断提升自身的专业素养和技能水平，更需要不断强化自身的职业信仰，加强道德修养和思想境界的培养。

（二）存在的问题

1. 自主发展的意识不足

只有在思想意识的引领下，我们才能在行动上迈出坚实的步伐。此外，对于大多数高校的英语教师而言，他们不仅需要承担繁重的教学任务和高强度的工作要求，还有家庭生活中的各种事务需要处理，所以许多年轻教师在专业学习和教学研究方面的时间和精力都受到了限制，这使得他们面临着巨大的挑战。

2. 知识结构存在问题

尽管某些高等院校的英语教师具备自我发展的意识，但由于缺乏必要的理科知识和相关统计方法的掌握，他们的科学实证研究积极性受到了影响。在学生时期，许多高校英语教师过于注重语言知识和技能，而忽视了对文化知识的深入挖掘。

3. 信息技术素养有待提高

尽管现代信息技术在一定程度上为高校英语教师的教学带来了便利，但仍有许多教师未能充分利用其优势，以实现课堂教学的最大化效益。这是因为许多教师在信息技术教学方面缺乏相关应用知识，导致他们在信息技术应用和资源整合方面的能力不足。

4. 考评机制的阻碍和培训机制的问题

尽管教师的自我成长需要付出不懈的努力，但其个体的成长与所处的社会文化环境密不可分。高校英语学科的培训缺乏个性化定制，无论是职前还是在职培训，都未能满足其独特的特点。尽管相关培训已经提供，但高校英语教师的教学技能或科研方法的培训与指导仍停留在理论交流的讨论阶段，在具体的教学情境中缺乏实践。

二、高校英语教师教研协同发展策略

（一）高校英语教师的教学与科研要求

除了具备一般语言课程的实用性外，大学英语课程还具备一定的专业针对性，以满足学生的学习需求。

由于大学英语具有工具性和专业针对性，所以其教学呈现出一种独特的范式，即聚焦于研究性教学和教学性研究的相互促进。

大学英语课程的研究性教学内容涵盖广泛，涉及多个学科领域，因此英语教师在承担英语学科教学任务时，必须以课本为指导，同时对教材进行再加工和再处理，以确保教学效果最大化；对于大学生的英语学习而言，教师在教学前应该深入分析学生的学习需求，以课本内容为媒介，通过增加知识性和教育性，引导学生跳出课本学习的限制；对于开放式、高容量的英语课堂，教师应扮演主导者的角色，同时精心设计教法和策划课堂组织，以确保课前研究的深度和全面性。

同样，教学性研究的主要内容也涉及很多方面，其中包括评估教学成效、分析教师在课堂互动、口头练习和书面答题方面的教学实施效果。为了提高英语教学效果，我们必须重视对学生知识理解水平的分析，并注重培养他们的英语知识积累。为了更好地了解学生的学习情况，我们应该在课堂上和课后通过教学问卷、学生作业等方式进行客观评估。在高校英语教学研究中，不可忽视的是知识内化和迁移的能力分析。教师应该根据课程教学进程，评估学生在英语应用中的思辨能力和现实问题处理能力方面的研究性表现。

总的来说，高等教育中的英语研究性教学注重于在课前进行先导性研究，但同时也依赖于课中验证；而教学性研究则侧重于课中探究，并延伸至课后研究。

（二）高校英语教师教研协同提升的方法

将理论和实践有机地结合起来，通过自主学习和深入反思，不断提高自己的能力和水平。培养教师在实际教学中运用反思性思维和感性认知的能力，将理论知识与实践经验相融合。

经验加上反思，就能够实现教师的成长，这是美国心理学家波斯纳提出的公式。在英语教学过程中，英语教师需要敏锐地察觉教学中可能存在的问题，包括学生对英语学习缺乏兴趣、学生学习英语的目的过于功利化，以及学生在听、说、读、写、译等方面的挑战。外语教师可以通过写日记、观摩课堂和录音录像等方式，不断地进行实践、反思、再实践、再反思的循环，以达到自主发展的目的。

认真研究并解决英语教学过程中的重难点问题，投入深度思考。有效的英语教学应该根据学生的实际情况，集中关注重点，克服难点，这是基本标准之一。科学地确定教学中的重点和难点，恰当地应用教学技巧，帮助学生发现新旧知识之间的联系，以此为基础进行科学研究，探索解决问题的方法，从而更好地为教学服务。英语教师发现问题后，通过自我学习和研究，解决了这些问题。

寻找教学的灵感和方法需要涉足不同学科和文化领域。在当今信息爆炸的时代，英语教师必须具备的能力不仅是英语语言知识和外语教学理论，还需要了解教育学、心理学等相关学科知识，以及拥有广泛的综合文化素养。通过采用特别的阅读、写作和练习方法，我们可以深入了解英语学科的特殊性，进而掌握国际前沿知识。通过运用不同的听、说方式，促进多元文化的传播和交流。利用教学中的细节问题作为研究对象，解决这些问题，进而提升教育质量。英语教师通过将科研成果运用于教学实践，既促进了教学水平的提升，又实现了自身的发展，形成了教学和科研互相促进的良好局面。

（三）高校英语教师教研融合的路径

追溯问题的本质，才能找到解决之道。教学和研究的导向都是“问题”，这条路径从发现问题开始，经过研究问题，最终解决问题，是最常见的路径。大多数学生学习英语是因为他们将其视为专业学习的一部分，但也有一些学生是为了获得学历和学分而学习。从学习效果的角度来看，大多数学生能够认识到英语知识对自己未来职业发展的重要性，他们在听、说、读、写的综合性练习中表现出高度自觉性，因此学习效果良好。然而，个别同学存在认知偏差，将英语学习仅视为纯粹的文化知识学习或应对考试而学习，导致学习效果较差。

善于发掘课文中的故事，运用生动的多媒体形象，创造互动的课堂氛围，从讲述转变为探讨，真正将学生置于学习的中心，使问题得到良好的解决。教育和研究是不可分割的，尽管研究工作量大、对教学要求高，但教师在其中付出的努力是值得的，因为它们有着巨大的价值。

激发高校英语教师的学习热情，加强他们的自我学习能力，促进终身学习。大学英语课程作为一门国际化水平较高的课程，与时代的步伐紧密相连。因此，教师应该自觉地行动起来，通过自主学习和专业化成长来实现“换档提速”的职业理想。英语教师应该自发地学习，包括学习现代教育思想和教育理念，以便形成正确的教育观和人才观。尝试在教学中引入新的思维方式和创新思想，以推动教学内容、教学手段和教学过程的创新。通过研究辅助教学，善于反思自己的教学得失，并在教学与研究之间相互促进，实现互助式学习。除此之外，英语教师必须通过自主参与各种继续教育活动，如提升学历、参加访学、进行进修等方式，不断学习和积累，以保持专业素养和不断进步的态势。

以协作为核心的学习团队，促进学习效果的提升。高校英语学科的建设不可能仅依赖于单个教师的努力，而是需要整个学科环境的综合治理和整体推进。因此，学科建设研究是英语教师共同的职责。我们需要从建立平台开始，攻关课程创新，科学制订教学计划，完善质量保障体制机制。这些工作需要团队智慧的共同努力，这也是教师个体自主学习中合作、成长的有效途径。

三、数据时代下高校英语教师的自主发展

（一）整合英语教学素材库

在整合英语教学素材库的过程中，教师应当特别留意以下四个方面：

首先，英语教学素材库所涵盖的知识领域必须是极其广泛的。随着大数据时代的到来，网络资源变得异常丰富，若教师所使用的教学素材过于单一，将

难以吸引学生的注意力，同时也会引发学生对教师教学权威性的质疑。在整合教学资源的过程中，教师应当注重凸显自身的独特风格，同时也要关注学生的情感体验。

其次，针对英语学习模块，英语教学素材库应当进行细致的分类。尽管英语学习已经迁移到了互联网的虚拟空间上，但教学资源仍然是为学生提供服务的，因为英语学习的各个模块仍然存在，学生需要逐步深入地学习。学习资源的分类可以由教师根据单词、词组、语法、阅读、听力、写作、翻译、口语交际等多个方面进行归纳和总结。学生可以运用这些项目中提供的相关资源，进行自我学习，以弥补自身的不足。

再次，英语教学素材库应当根据学习英语的方式进行归类。每个学生都有其独特的学习方式。为了提高学生与学习方法的匹配度，教师应当根据不同的学习方式，巧妙地配置相关的教学资源，并对这些学习方式的特点和使用群体进行简要说明。

最后，英语教学素材库应当根据英语的实际应用价值进行归类。对于学生而言，教师提供的英语学习资源库既是一本“武林秘籍”，也是一本百科全书。为了帮助学生解决在学习过程中遇到的问题，教师需要根据使用功能进行分类，这样学生可以直接在教师的素材库中进行检索，从而获得比百度更具权威性的答案。

（二）研究学生英语学习心理

当高校学生对英语学习的动机存在差异时，他们的学习热情也会随之呈现出截然不同的状态。尽管在学习的过程中，一些学生有可能表现出任性的行为，但教师必须以理性为基础来引导学生。作为祖国未来的建设者，当代高校生身处于多个领域，如果缺乏一定的英语应用能力，就很难在职场中快速成长起来。因此，高等教育中的英语教师应当采用科学的方法，以激发学生对英语学习的热情。针对高校生英语学习心理方面的研究，教师可以从多个角度入手，以针对性的方式进行分析和解决。

第一，针对那些对英语学习充满热情的学生，教师有必要为他们提供学习方法和策略的指导。确保学生在英语学习过程中畅通无阻，以避免学生学习兴趣的下降，从而提高他们的英语学习效果。第二，针对那些被动接受英语学习的学生，教师应该提高他们的英语学习效率，从而加强他们对英语学习的信心。当学生建立起自信心时，他们对英语学习的热情将会得到提升。第三，针对那些对英语学习缺乏热情的学生，教师应当通过提升英语教学资源的趣味性，以吸引他们积极参与英语学习。为了将英语学习融入学生的内在兴趣中，教师必须进行对学生兴趣的深入调研。网络调研是一种高效的信息汇总和统计方式，可用于此项工作的实施。

（三）创建学生英语学习个性化档案

随着大数据时代的到来，学生在自主学习英语方面的时间得到了显著的提升，这为实现个性化教学提供了必要的时间保障。随着学生自主学习活动的增加，教师将拥有充足的时间和精力，以便为学生提供个性化的学习指导。英语作为一种工具性语言，不同学生未来从事的职业、个人职业规划以及所涉足的领域都不尽相同，因此他们所需的英语技能也会有所不同。高校英语教师应当建立个性化的学生英语学习档案，以协助学生制订个性化的学习计划，并在计划实施的过程中根据学生的需求不断调整和优化学习计划，从而使学生在高校期间能够真正提高自己的英语应用能力。在创建个性化英语学习档案的过程中，教师需特别关注以下三个方面的问题：

首先，为了确保英语学习的个性化，每个学生都需要制作一份个性化的英语学习档案。通过建立学生学习档案，教师可以实现对学生学习情况的实时跟踪，同时也能够让学生深刻感受到在大数据时代，尽管学习的自由度得到了提高，但教师仍然在对学生的学习进行监督，从而有效避免学生的自由散漫。其次，教师有必要对学生的学习档案进行实时审查，以确保其不会陷入形式主义的泥淖。由于高校教师所服务的学生群体规模庞大，所以学习档案的数量也相应地呈现出巨大的规模，这将进一步增加教师的工作负担。为了提高教师的计算机应用能力，需要运用编程技巧开发出适用于个人使用的教学软件。最后，为了促进学生之间的交流和学习，教师应该根据学生的学习计划差异，精心组织小组学习，让那些拥有相同或相似学习计划的学生参与到团队学习中去。

此外，教师也可以透过检视团队学习档案的方法，来掌握学生的学习状况，从而有效减轻工作负担。

（四）运用自媒体构建师生互动平台

随着大数据时代的到来，学生在自主学习活动中所占比重不断攀升，这也导致了教师与学生之间的课堂交流相对较少；随着学生个性化学习倾向的增强，教师对学生的学习水平和学习质量的认知程度也随之提升。在此情形下，教师应充分利用自媒体平台与学生互动交流，以了解学生的学习进程，从而为学生提供更为深入和具体的学习指导。为了构建师生互动平台，教师需要为微博、微信和 QQ 赋予不同的功能，以便更好地利用自媒体。

首先，微博作为一个媒体平台，为教师提供了一个传播英语学习资源和信息、分享英语学习经验的机会。微博所传递的信息具有广泛的学习价值，能够满足绝大多数学生在搜索学习资源和学习专业英语知识方面的需求。其次，微信作为一款社交软件，为教师和学生提供了亲密互动的机会。在微信平台上，教师和每位学生都是亲密的朋友，教师可以根据学生的学习情况，为学生提供直接的帮助和指导。微信语音功能为教师和学生提供了便利，让他们可以通过语音交流深入探讨英语知识。最后，QQ 是一个以班级或英语学习小组为基础的社交平台，教师可以根据班级的英语学习情况或英语小组的学习进展在 QQ 群众来规划学习任务、发布相关通知等活动。教师可以利用群体文件的形式，向学生群体传递学习资源，以满足他们的学习需求。

第二节　课程改革模式

一、课程改革模式的实施

在当前的课程改革中，教师的教育理念、教育方法和教学行为正在经历一次深刻的变革，随着教师角色的急剧转变，原有的教师专业结构必须迎接新课程所带来的挑战。课程改革实质上是对课程价值观的一次深刻调整，它以全新的课程理念融合了原有的课程与教学，提出了全新的课程形态、教学理念和教学方式，这些都给教师带来了前所未有的挑战和压力。随着课程改革的推进，教师的教学经验流程被打破，专业活动的不确定性也随之增加，这导致了教师的焦虑和对新知识的需求，同时也为教师的专业发展提供了现实的心理基础。

推行课程改革需要教师在材料选择、教学实践变革以及对改革信念与理解等方面进行全面考虑。教师在成功的课程改革中必须掌握全新的技能和方法，这是一个不断学习的过程，也是课程改革的核心所在。因此，在推进课程改革的大背景下，教师的职业发展和课程改革是紧密相连、共同前行的。

课程改革的实施不仅有助于教师专业知识和技能的培养，更能够提升教师的专业信仰和专业素养。教育机构不仅是教师工作和生活的场所，更是教师成长和发展的重要基石。在推进基础教育课程改革的进程中，我们应当不仅注重以往有效的师资培训方式，更应确立以学校为中心的教师发展理念，通过有针对性的课程改革活动来促进教师的职业成长，该理念主要体现在以下三个方面：第一，教师的专业成长应当在学校的具体环境中展开，因为学校是教师发展的场所；第二，教师的专业成长应当以教师和学校的发展需求为基础，确定相应的活动内容；第三，教师的成长也是教师日常生活中不可或缺的一部分，是一个漫长而持续的过程。以学校为中心的教师成长是以实践为导向的，它能够填补远离学校课程改革的具体实践场景下师资培训的不足，有效缩短教师成长周期，推动教师专业素养向更高层次迈进。

二、高校英语教师课改方向

（一）课程行动研究

教师在实际的课程教学中，通过行动研究来改善课程实践和提高教学质量，这种研究具有实际参与、实践解释、试验和批判的特点。采用自我反思的螺旋循环方式，以此为主导来规划、执行、观察和重新思考方法。课程行动研究致力于理解和解释实践情境，它是一种从实践到解释的研究范式，旨在强调教师在课程改革中的探究角色和拓展教师的专业职能，同时将“书斋式”课程研究转化为实践研究，为英语课程的理论与实践融合提供了可能，这也使得英语教师在这一过程中得到了锻炼和发展的机会。

（二）校本课程开发

学校所开发的校本课程，是一种相对于国家课程而言的课程形态。政府成立专门机构，负责在学校以外的场所开展国家课程的开发工作。学校环境是校本课程开发的场所。

校本课程的核心特征体现在三个方面：第一，学校拥有自主权，课程由学校自行决定。第二，课程开发的主体是教师，他们负责制定课程目标、设计教学内容和评估学生表现。第三，具体学校是一个适合进行课程开发的场所。在学校课程开发过程中，校长和教师共同组成课程小组，共同完成课程开发任务，教师被授权参与课程开发并承担相应责任。为了顺利完成校本课程开发，英语教师必须积极主动地学习相关的英语课程知识和课程开发技能，提高自己对课程的责任感和团队合作意识。校本课程开发是一种教师参与民主、分享权责的过程，它充满了挑战，让教师感到成就和满足，也是教师自我发展的重要途径。

（三）教学实验研究

课程和教学是相互依存的，课程的实施必须通过教学来完成，而教学则是课程实施的核心手段。无论怎样的课程改革，最终都必须在学校和教学层面得以实现。如果学校能够利用这个机会，进行课程和教学的同步改革实验，就能够更新教师的课程和教学理念，提高他们的专业知识水平，从而促进教师的职业发展。英语教师在英语课程改革前已经通过实践逐渐形成了自己独特的课程和教学观念，拥有了卓越的教学技能，这些技能在原有的课程和教学中也能够发挥巨大的作用。然而，课程改革已经从根本上改变了原有的课程与教学方式，从价值观的角度来看，它表现为方向性的调整，教师必须作出相应的调整以适应新的课程价值理念，因为他们原有的课程观念和教学技能已经不再适用于课程改革。学校正在进行课程与教学同步改革实验，旨在为每位教师提供拓展知识面、更新教育教学观念、培养合作精神和团队意识的机会，以形成新的教育问题视角，推动教师的专业发展不断向前。

第三节　信息环境模式

一、网络环境与高校英语教师专业发展

（一）高校英语教师自身的角色定位

1. 从教师自身角度出发

（1）网络资源的学习者

在网络时代，学生不再仅仅依赖于英语教师，不再把他们作为英语信息的唯一来源和知识的唯一权威，这是一种新的趋势。在这个网络盛行的时代，教师和学生都应该视自己为网络资源的学习者，通过直接体验网络世界的形式，学习各种形式的资源，如图片、视频和音频等，不断地充实自己的英语知识，保持更新。

（2）教学方式的研究者

研究教学方式在整个教学过程中占据着重要的位置。一个优秀的英语课堂应当具备明确的教学目标，突出重点难点，采用有效的教学方法和严密的课堂组织以及积极向上的课堂氛围。教师应该将自己的教学目标贯穿整个教学过程中，并采用积极有效的方法来激发学生的兴趣，鼓励他们积极参与课堂学习，从而提高课堂效率。

2. 从学生发展角度出发

（1）知识的建造者

在互联网模式下的英语学习中，学生扮演着主导角色，课堂则成为他们学习的平台。学生运用创造性思维，对所学知识进行有效的分析和整合。在英语课堂上，学生有机会与教师或同学进行积极互动，将所学知识应用于实践中，发挥自身的主观能动性，将课堂学习与工作、生活紧密结合，从而更好地提高自己的英语素质。

（2）人格的塑造者

在传统教学模式中，师生之间情感沟通一直是通过面对面的教学实现的，

这种方式使师生情感交流一直保持畅通无阻。网络英语教学虽然有助于教学的实现，但由于教师和学生无法进行面对面的交流和沟通，所以会导致学生情感上的缺失。为了培养学生良好的人格，英语教师需要在网络教学中注重学生的情感发展，积极引导和帮助学生形成积极向上的情感态度。

3. 从教学目标角度出发

教师应当充分利用网络这个平台，结合自己的教学目标，有序地组织网络教学活动，以便完成教学任务，成为网络英语教学的有效组织者。网络学习虽然为学生提供了便利，但是在保持稳定性方面存在一定的困难，这对于系统性的英语学习并不利，因此需要教师和学生共同协作完成教学过程。

二、信息技术与高校英语学科教学中的整合

在信息化时代，将信息技术与教育课程有机融合已成为教育发展的必然趋势。它强调利用现代信息技术，特别是计算机网络技术等对课程内容进行重组，创造形象生动的情境，激发学生的兴趣，调动学生的积极性，提高教师的教学效果。通过将信息技术有效地融入各学科的教学过程中，以计算机及网络为核心的信息技术成为促进学生自主学习的认知工具与情感激励工具以及丰富的教学环境的创设工具，并将这些工具全面应用于各学科教学过程中，通过整合、组合、相互融合，产生聚集效应，到以培养学生创新精神与实践能力为目标的要求。

在整合的过程中，对教师的专业成长提出了全新的要求，从而孕育出了适应现代教育技术应用条件的全新教师专业成长模式。在融合信息技术与学科教学的过程中，教师常常需要跨越技术难关，经历一段充满畏惧、接纳、学习和创新的技术发展历程。

信息技术与课程整合并不是简单地将其视为辅助教师教学的演示工具，而是通过系统论的视角，将各种教学资源和教师个人的人力资源有机地融合在一起，综合考察教学内容、教学方法、教师自身的知识背景、技术状况、教学资源占有情况以及个人特长、教学风格、性格特点等因素，从而选择出最优化的

教学设计方案，以实现最优化的课堂教学目标，并使教师在实现目标的过程中达到最高水平。在整合的过程中，我们经历了从单纯依赖技术到运用技术以优化教学目标的演变。

三、网络环境下高校英语教师信息化素养的提升

（一）提高课件制作质量

在网络环境下的高校英语教学中，课件作为教学的基石和内容的媒介，扮演着不可或缺的角色。随着互联网技术和多媒体技术的不断发展，越来越多的教师开始使用课件辅助教学。有些教师会采用网络下载课件模板的方式，将传统的教学内容巧妙地融入模板中，以此提升教学效果。因此，教学的实质并未发生任何改变，其内容也未发生任何改变。教师在制作模板后，若不对其进行创新，就会导致教学内容与时代脱节，无法满足学生的真实需求，反而限制了教学资源的选择和利用。

针对此问题，教师需关注教学内容的多元性，以确保学生在学习过程中能够获得全面的知识和技能。在制作课件时，应将内容置于首位，对网络中的素材和资源进行搜集，以凸显课件与教材之间的差异。在教学过程中，必须充分考虑学生的个体差异和学习需求，以提高教学的针对性为基础，对教学内容进行精心设计和完善。此外，借助网络资源，教师得以策划并实施一系列富有趣味性的英语教学活动，包括辩论、情境剧等多种形式，以此来提升教学效果。

（二）组织开展教师交流培训

在当今网络环境下的高校英语教学中，教师需要深刻认识到网络所带来的变革，同时不断提升自身的信息素养，掌握信息技术的理念、方法和模式，以更好地发挥信息技术的优势和作用。为了提升英语教师的信息技术应用能力，学校方面应充分发挥自身的主导作用，积极组织英语教师进行交流培训。

为确保信息技术与教学工作的融合，必须精心策划学校内部会议，明确会议目标，合理规划会议流程，并逐步引导教师深刻认识到这一点的重要性。接

下来，借助实际的教学案例，协助教师掌握信息技术的基本操作技巧，以及实现信息化教学的方法。

召开定期的总结会议。在信息化教学中，教师应当设定明确的阶段性目标，并进行有针对性的阶段性教学总结，以便及时提炼实际教学中所遇到的问题。在会议过程中，记录问题和方法的过程是至关重要的，因为这将为后续的教学工作提供必要的参考和启示。

（三）构建高校英语教学数据库

在高校英语教学中，利用信息技术构建数据库是必要的，这样可以为英语教学提供丰富的资源和经验。该数据库的构建涉及两个主要方面：一是以教师为基础的数据库建设，二是以学生为中心的数据库建设。前者从教师的视角出发，对英语教学资源进行整合，以达到更高效的效果。通过利用网络技术对每一节课进行深入分析，教师可以充分利用各种资源，以提高课堂教学的有效性和多样性。

此外，还可以对数字化教育案例进行归纳整理。当教师在信息化教学中遭遇问题时，他们可以借助具体案例进行自主学习，以此提升自身的教学技能和信息化素养。从后者的角度来看，有必要对高校英语的知识内容进行系统化整理，并按照课程的教学顺序，在网络平台上上传教学视频。无论是进行预习、复习，还是进行查漏补缺，学生都能够自主地进行学习和观看，实现自我发展。在构建数据库的过程中，需要建立一套有效的交流和反馈机制，以便对教师和学生的问题进行深入挖掘和总结，从而找出当前英语教学中普遍存在的问题，并投入更多的资源来攻克这些问题，以帮助教师和学生实现全面提升。建立一套有效的交流机制，有助于推动教师在网络平台上进行学术交流，从而为构建教师队伍信息化素养的提升机制提供了现实意义。

第四节　合作制模式

高等教育中，英语教师之间的专业协作与发展是指为了实现专业能力的提升，教师在教学、科研和技能等方面进行协作，以促进其能力的可持续发展。

高等院校英语教师之间的协作旨在将自身的经验和教学智慧转化为共享的教育资源，以推动群体的专业成长和实现专业目标。通过与高校英语教师进行专业合作，可以激发他们的专业素养和信念，推动他们的专业知识和技能水平的提高，从而实现他们的专业发展目标。

一、高校英语教师校际合作模式

教育的未来在于教育，而教师则是推动教育发展的最重要资源，他们需要具备面向未来的教学能力。促进高校英语教师之间的校际合作，有助于消除院校之间的隔阂，打破高校英语教师研究方向的碎片化和孤军作战的局面。探讨如何在高等教育机构之间建立教师发展合作共同体，并建立有效的保障机制，以激发合作共同体成员内在的发展动力，从而实现教师个人和组织的共同进步，这是一个值得深入研究和实践的问题。

高等院校的英语教师可以通过与国内外、校内外的同行以及跨学科教师的紧密合作，不断汲取新知识、获取新技能、拓展新视野，并在积极主动的合作中形成互惠互利、互助共享的合作模式，从而实现经验、教学智慧、科研方法以及教育技术的借鉴与分享，提高和发展自身的专业能力。在协作过程中，个体的经验、智慧和价值观得到了充分的珍视和尊重，从而使参与者获得了个人能力所无法达到的学习效果、教学效果和科研能力，同时提高了其专业素质和合作技能等方面的综合素质，促进了不同知识结构和教学技能之间的相互启发和互补。

（一）高校英语教师校际合作发展途径

随着高等教育改革的推进，高校英语教学内容已经发生了巨大的变化，其中不仅包含了英语语言知识和文化知识，还融合了跨文化交际策略和最新科技知识等多个方面。只有通过高校英语教师间的协作，才能实现专业能力的提升，教师个人能力的提高并不能单独完成这一任务。因此，我们应该积极促进跨校间的有效合作，通过多种方式和形式的合作，共同推进专业能力的发展和提高。

1. 建立合作指引，提高教学和学术能力

教师专业发展的最终目标在于通过互相协作来提高他们的教学和科研能力。因此，参与者应该具备合作意识，并且要遵循目标明确、有序、交流畅通、民主开放和整体协作的原则。合作、分享和支持可以提高教师的信心，促进其专业发展，这是各合作方之间的重要作用。

在实际合作中，相关合作方共享教学、科研等信息后，将开展合作，包括应用教学理论、方法和手段，以及申报科研项目、推进科研工作等方面的合作。高等学府的英语教授们可以依据事先设定的合作目标，来促进校内和跨校的外语学科教师之间的协作，以增强信息的互补和共享，提高课堂教学的效果和质量，同时也有助于开拓研究思路和研究领域。加强与国外同行的合作，共同探讨外语教学和科研工作的经验和方法，以促进国际间教育交流和合作。这样，与他人合作可以带来新的教学和科研思路、技巧和经验，有助于扩展个人的教学、科研范围和方法，提高教学改革和研究工作的针对性和有效性，促进教学和科研的有机融合与发展。

2. 建构激励机制，提高合作发展能力

制度是保障发展的基础。要使团队活动持续、健康地发展，必须确立一定的规章制度以确保顺利进行。只有将教师专业发展作为评价制度的核心和方向，才能促进教师之间的合作。只有通过评价制度，参与者才会愿意分享自己的成功经验并借鉴他人的经验来促进自身的专业发展，这才能保证专业合作的持续发展。

一个有效的合作发展激励评价制度应当以协作发展和共同进步为目标，注重对高校英语教师专业发展的积极促进作用，并引导教师自我规划、反思和不断完善自己的教育、教学行为，同时提高他们的科研发展和教研互助意识。

二、高校英语教师校企合作模式

（一）实施过程中存在的问题

鉴于校企合作的创新性以及教师团队建设中缺乏校企合作模式融合的实践经验，当前英语教师师资队伍建设工作在校企合作模式下仍然面临着一系列的实际问题和困境，需要进行有针对性的分析，并为进一步解决问题奠定基础。

（二）基于校企合作模式建设专业队伍

1. 与企业做好前期沟通工作

在校企合作的背景下，学生的教育引导呈现出更为灵活和独具特色的特点。因此，在高校英语课程教学中，教师和学校应以提升学生的英语实践学习能力为目标，通过与企业进行全面的沟通和交流，实现对校企合作对口企业的合理筛选，明确不同企业对英语专业人才的需求，从而规划校企合作的基本流程，以教师能力水平的提升为目标，结合学生专业英语学习能力提升的侧重点和宏观任务，规划出培养教师能力素质的有效路径。

2. 总结教师队伍建设问题

在大学生专业教育引导中，校企合作被视为一种富有创新性和灵活性的全新教学引导方式。教师掌握和应用这种教学引导方式方面的能力，将直接影响其实际教学效果的达成。因此，在校企合作模式下，英语专业教师团队对该模式的理解程度、应用能力以及实践学习能力等方面的实际情况，需要教师自身和教学管理人员以及高校教育管理决策者结合实际情况进行深入分析和了解。

总结当前在校企合作中遇到的实际问题，以便通过有针对性的资源引入和实践教育引导方式，推动教师团队在合作实践中及时解决存在的问题，这是实现英语专业人才培养目标的重要前提条件。

3. 积极引入资源条件

在校企合作模式下，尽管教师的能力素质提升需要融入企业环境中，但基础设施建设也扮演着至关重要的角色。因此，校企合作作为一种全新的教学组织形式对教师的职业素养与实践技能提出了新的要求。为了提升英语专业教师的校企合作能力和个人的综合实践教育水平，高校应当根据英语教师团队中不同能力水平层次和专业侧重点的英语教师的实践需求，利用校企合作参与部分实践，建立高校对口模拟实践基地，或通过推广校企合作模式引入企业专业人才，为教师团队的培训教育提供有力的支持。为了提高校企合作下的教师队伍建设成效，学校应提供具有针对性的实践环境，以培养教师团队的能力为目标。

4. 做好教师队伍建设筛选考察工作

在培养英语专业教师团队的实践工作能力、教育引导能力和创新思维能力时，必须注重培养他们的灵活性和创新性，以适应不断变化的环境和需求。在构建人类命运共同体的背景下，英语专业人才的需求不仅是教师在英语专业教学中必须遵循的基本原则，更是一项至关重要的任务。高等教育机构应当以校企合作为契机，将校企合作的相关元素融入教师的能力考核中，以促进校企合作的实践工作，并在具体落实中取得更加显著的实际效果。同时，高校应结合企业工作人员的反馈和教师的自主阐述，全方位了解教师参与校企合作实践培训或校企合作模式，引导学生进行英语课程学习时的实际问题和具体情况，结合教师所遇到的实际困难和反馈的具体问题，感受和了解教师在校企合作背景下的能力素质提升效果，并通过制定有针对性的评价内容体系，对教师基于校企合作模式提升个人素质和水平，对于部分专业能力提升效果不佳的教师，可以通过进一步培训的方式保持其良好的教育状态和引导能力。对于那些无法胜任创新性教学引导要求的教师，我们应该秉持优胜劣汰的基本原则，致力于提升英语专业教师团队的综合素质水平，以更好地适应校企合作模式下的教师专业能力培养需求。

第六章　高校英语教师发展路径探索

本章节内容为高校英语教师发展路径探索，主要就从反思性教学、教材多维度开发、进阶性英语教师评价三个方面展开论述。

第一节 反思性教学

一、高校英语教师的反思性教学

（一）反思性教学概念与特点

1. 概念

教师应当将教学行为视为反思的对象，有意识地对其进行评估、分析和研究，从中总结优势和不足，并针对不足之处进行及时改进，以提升自身的教学水平。

成长是通过经历和思考的结合而达成的，教师在教学中积累了经验是不可避免的，但只有经过必要的思考，这些经验才能真正具有价值。没有经过深思熟虑的教学过程就好比没有经过慢慢咀嚼的食物一样，难以被理解和吸收。

反思性教学是一种教学方式，它能够将教学内容有效地整合起来，促进教师对现实的理解，并有助于教师将教学理论与实践结合起来，从而提高教学手段和水平，确立清晰的教学目标，优化教学资源，实现教学资源的最佳配置。教师若能经常反思，将会对提高教学水平有所帮助。在反思的过程中，教师应该积极吸收有用的知识，淘汰无效的知识，从优秀的科研和教育成果中汲取经验，探索新的教学方式。

反思性教学所涉及的范畴十分广泛，包括对学生学习情况的反思、教材的反思、教学目标的反思、教学重点的反思、教学方法的反思、教具的反思以及教学实践的反思等。

2. 特点

（1）积极的自我意识

教师应当以积极的心态为先导，不满足于当前的教学成果，并制定出充分的反思计划和预备措施。教师的责任不仅在于传授知识，更在于对教学过程进行深刻的反思和剖析，以不断提升教学质量和自身的职业素养。为了确保反思教学和教学反思的有效开展，英语教师必须转变传统的教学理念，培养积极的自我认知。

（2）及时的反馈性

教学反思的一个显著特点在于其具备及时反馈的能力。为了确保教学实践的有效性，教师需要通过多种途径对教学过程和效果进行细致的观察和调查，这些都是建立在对课堂中学生的深入研究和密切关注之上。及时、精准地搜集与英语教学成效相关的信息，同样也是英语教师不可或缺的重要任务。为了实现反思教学，教师必须确保及时反馈信息，全面了解教学过程和学生的学习状况，以此构建高效的教学体系，提升认知基础，并采取有效措施以提高教学效率。

（3）双重的发展性

对于教师的成长而言，反思性教学的价值不仅在于优化教学过程、提高教学效率，更在于它能够促进教师自身素质和能力的不断提升和发展，这种提升是持续不断的。在反思教学的过程中，教师身兼从业者和研究者的双重身份。因此，这种自我成长的模式对于塑造和提升教师的素质和能力具有至关重要的意义。在国外的实践中，反思教学方法不仅可以提高教学效果，同时也能够推动教师向专业化的方向不断发展。反思可以促进教师专业成长和教育理念的更新，有利于教师知识技能的积累与整合，有利于提升其综合素养和解决实际问题的能力。通过反思教学，我们可以看到教学和教师都在不断发展，呈现出一条蜿蜒曲折的上升趋势，这有助于教师最终实现专业化的目标。

（二）高校英语教师反思性教学的必要性

英语教师的自我反思能力是一种重要的发展途径，通过采用反思性教学方法，教师可以对教学实践中出现的问题进行内省和思考，从而找到一种解决问题的策略和方法，以实现教师自我发展的目标。在英语教师的职业发展过程中，反思和研究并非个体行为，而是需要教师具备协作精神和团队合作意识，以集体互助的方式促进共同进步。除了将实际教学作为反思和研究的对象外，教师还应将自身视为研究的对象，从全局和长远的角度规划自身的发展，以实现个人的可持续成长。

二、高校英语教师专业发展与反思性教学

（一）带来的积极影响

1. 转变英语教师教育观念

反思性教学是一种新兴的教学理念，它能够帮助教师摆脱传统的教学观念，摒弃英语课堂的老套路。通过反思，教师可以更加清晰地认识高校英语教学的目标和难点，不仅能够掌握知识，还能够提高自身的教学能力和技巧。这样，教师就能够更好地发挥主导作用，指导学生沿着正确的方向，运用正确的方法进行英语学习，从而提高学生的英语意识和英语运用能力，以便将来更好地就业和发展。

2. 提高英语教师课堂教学质量

不同于传统教学模式，反思性教学的目标在于在完成教学任务的同时，培养学生的能力水平。反思性教学不仅仅是回顾教学过程，教师还需要深入探究教学设计和技巧，对于教学主体、目标、工具等方面进行深入分析和研究，以此为基础设计出合理的教学方案，并及时调整教学内容，积极组织课堂教学，创造轻松愉悦的课堂氛围，充分激发学生的学习热情，从而提高英语教学的质量。对于反思性教学，重点在于以实际教学的实践为对象，分析和评价教学计划、教学组织和课堂控制，总结教学经验，改进不足之处。教育教学需要反思和批判那些死记硬背和机械化的学习方法，教师应该创造性地开展教学，不断提升内在素质，加强专业知识学习，提高对教育问题的洞察力。促使学生自发进行探究式学习，增强学生的英语思维和创新思维，从而提高高校英语教学的质量。

（二）实施的具体途径

1. 教学前反思

在进行教学之前，我们需要对以往的教学经验进行深入的认知和反思，以明确教学目标并将教学过程转化为一种自觉实践的过程。在进行教学前的反思过程中，需要对多个方面进行深入思考和反思。

对于教学目标的思考。通常所涵盖的目标包括对认知、技能和情感等方面

的目标。教学目标是教学活动开展的出发点和归宿，它既要体现出该学科或课程自身所具有的特点及价值取向，又要符合教育对象学习活动的规律和特征。不同的教学目标会导致教学设计的差异，进而影响到教学效果的表现。因此，在制定教学目标时，必须全面考虑目标设定的合理性、学生社会发展要求的充分性、整体性与长远性的有机结合、情感与意识的兼顾以及适度性原则的充分体现等因素。

对于所授课程，我们需要进行反思。如果选择的教学内容过于陈旧，那么会导致教学效果不佳。因此，在选择教学内容时，需要综合考虑其与教学目标的契合度、以学生为主体的体现方式以及重点内容和难点内容的突出程度等因素。

2. 教学中反思

通过对英语专业教学过程中的反思，以及积极主动地对教学行为进行反思，可以有效提升教学质量。因此，在教学过程中，我们需要对教师的教学行为、学生的学习行为以及师生之间的互动行为进行深入反思。

对于教学过程的思考。在高校英语专业的授课过程中，必须综合考虑教学目标、教材内容以及学生的实际情况等多方面因素，以制定最为适宜的教学模式和策略，这是教学过程中最为重要的问题。

对于教师的教学行为，我们需要进行反思。在英语专业的授课过程中，教师会对自己的教学行为进行反思，包括：是否凸显了教学的核心，是否合理设置了问题，所设置的问题是否具有启发性，是否为学生留出了思考时间，是否能够确保每个学生都有机会回答问题，是否能够有效地展开讨论，是否能够明确地进行讲授、指导和练习活动，以及是否恰当地运用了课堂教学设备等，以便根据教学实际情况及时进行调整。

对于师生之间的互动行为，我们需要进行反思。在高等教育英语专业的授课过程中，展开课堂活动的主要目的在于确保学生有充足的机会参与到信息和语言交流的活动中，同时也是师生之间重要的沟通渠道。通过教师与学生之间的互动交流，学生可以获得更多的练习机会，实现全程参与和自主参与整个教学活动，从而激发学生对英语学习的主动性和积极性，提高学生的学习热情，并在师生之间频繁的交流中消除师生之间的隔阂，加深师生之间的感情，从而达到更有效的教学效果。

3. 教学后反思

在教学行动结束后，进行一种具有批判性的反思，这种反思可以使教学经验更趋于理论化，从而提高教学效果。教学过程中，教师需要进行自我反思以及对学生的反馈进行反思。

在进行教学后，进行自我反思。在教学过程中，教师应当以自身的教学行为为思考对象，对所作出的决策及其所带来的后果进行深入的分析和审视。通过运用日记、课堂录像等多种方式，对自身的教学行为进行回顾和分析，以发现其中的优缺点，并记录下在教学过程中所遇到的思考、困惑和感想，从而重新审视和认识自我。反思自己的课堂教学行为，从中得到有益的启示。在考虑教学实施和设计时，需要综合考虑学生在课堂上对教学内容和设计的表现，以确保两者之间存在显著的差异。借助这些记录，教师得以激发自我思考，不断审视自身在课堂上的表现，及时发现教学过程中的问题，并及时采取有效的措施进行调整，从而推动教学达到最优状态。

在教学过程中，教师进行了反思并提出了自己的意见。对于其他教师对自己课程的评价，我们可以通过公开课的形式引导他们以学生的身份参与听课，并在此过程中记录相应的笔记，从而对教师的意见进行反思。对于教师和学生而言，评课比讲授更为重要，因为它能够带来巨大的收益。教师们对于课堂教学的认知角度各不相同，因此所提出的观点能够促使教师当堂反思自身存在的不足之处，并制定相应的改进措施。

在教学过程中，学生们进行了深刻的反思和思考。一般而言，学生在课后的情绪状态以及作业的有效完成情况等方面，均能反映出一节课的教学质量和效果，同时也能够揭示课堂上存在的一些问题。例如，哪些知识点超出了大多数学生的掌握范围，哪些知识点能够被大多数学生轻松掌握，从而有助于教师更好地了解学生的学习情况。

第二节　教材多维度开发

一、多维度开发教材的原因

教学目标的实现离不开教材这一重要的媒介和工具，它为教学提供了必要的支持。在高校英语教材开发中，首要任务在于明确高校英语教学所需培养的英语人才类型。英语专业和非英语专业学生的未来发展在高校英语教学中得到了现实的意义和长远的影响，这不仅能够培养学生的国际视野和人文素养，更能够激发学生的知识创新和潜能发挥，全面促进其发展。在过去的 40 年里，高校英语教育为我国的改革开放、经济建设、科技发展、人文外交以及综合国力的提升作出了卓越的贡献，这是几代人共同奋斗的结晶。

在新的历史时期，我国在国际事务和全球治理方面的参与不断扩大，对于推进新型国际关系和构建人类命运共同体也发挥着越来越重要的作用。因此，国家外语能力和国民外语能力的提高也迫在眉睫。在新的发展时期，我们国家的高等教育规划已经明确指出，高校应该注重培养具有全面素养、创新精神和国际视野的人才，这也凸显了英语教学在高校中的重要地位。

《外国语言文学类教学质量国家标准》规定了外语专业学生的素质、知识和能力培养要求，其中素质要求正确的世界观、人生观和价值观，良好的道德品质，以及具备中国情怀和国际视野等，知识要求掌握外国语言、文学和区域、国别等知识，能力要求具备外语运用、文学欣赏和跨文化交流等能力。从高校英语人才培养目标出发，对现有教材进行深入分析，发现其主要问题是与英语人才培养目标、要求之间存在较大的差距。为了落实英语人才的素质、知识和能力等培养要求，需要采取合适的语言输入和系统的课堂教学，以提高英语人才的英语综合运用能力。

二、地方高校英语校本教材开发

（一）对教师提出的要求

英语校本教材的开发，要求在职任课教师必须不断更新自己的知识，紧跟改革的步伐，改变自己的思维方式，提高自身素质，以满足教育岗位和职责的需求。

改变思维方式，注重职业道德水平的提升。作为一名教师，必须拥有高尚的思想品质和职业道德，同时也要深刻理解和认识校本英语课程开发的重要性。因此，教师需要积极改变自己的思维方式，超越过去的固有模式，以积极的态度迎接角色的转变，为学生的全面发展和健康成长创造良好的条件。

改变授课模式。随着教学观念的更新，教师需要根据新的理念来改变教学方式，并探索创新的教学方法。教师在学习理论知识和实践经验的过程中，逐渐意识到校本教材对他们的教学水平提出了更高的要求。在教学过程中，针对知识点繁多、专业性强的课程特点，充分利用现代信息技术手段，如模型演示、实物展示、视频教学、动画演示等，帮助学生建立直观的印象，克服语言学习中的专业知识难点。以小组为单位，通过创设具体的模拟情境，进行小组研讨、汇报交流、模拟对话演练等形式，实现在课堂中边学习边指导边评价的教学过程，从而确保学习的连续性和延展性，有效提高学生专业英语的综合应用能力和跨文化交流能力，以达到预期的学习效果。

（二）可行性建议

在根据学校办学特色的基础上，对校内教材进行开发。教育改革实践的推动下，学校本地教材的开发得以加速。在开发过程中，应当结合理论与实践，充分考虑各学科的专业特点，合理安排内容，妥善处理通用英语和专业英语教学的衔接，并确保教学内容的科学性和创新性，以此体现学校独特的办学特色。体现校本教材的价值，无论是理论价值还是实践价值，必须同时得到充分的体现。让学生掌握与专业领域相关的词汇、短语及句式固定表达，以便进行流利的交流，以满足未来职业发展的需求。

教材开发必须包含教材评价，否则无法完善教材质量。只有通过科学的管理、评价和反思，才能逐步规范校本教材的目标、内容、实施对象和实施过程，从而实现理论和经验的碰撞和互动，不断提高和完善校本教材的开发水平。这是校本教材规范化的必然要求和根本前提。英语课本的开发并不是一蹴而就的，需要经过漫长的时间和反复的努力才能完成。在实践的验证过程中，对学校自编教材进行修改和完善。我们推崇科学的态度，追求精益求精，关注校内教材的规范性、真实性、准确性、适用性、参与性和应用性。不断学习，不断提高自己的职业素养和专业能力，同时在充满生气与和谐气氛的教学环境中，最大限度地激发学生的参与度，以实现最佳的课堂教学效果。

三、高校英语选修教材开发新理念

课程的教学成效直接取决于教材的组织和筹备。因此，教材是教学过程中至关重要的基石。随着教学改革和教材开发的新趋势不断涌现，对教材内容的要求也越来越高。

（一）坚持学生本位和需求导向

在各类学科和教材研究中，知识性一直是教材的基本职能和重要议题，唯有坚守教材的知识观，方能实现教育实践的目标。知识的范畴不应仅限于传统语言知识，而应涵盖与学术素养相关的知识领域。学术修养是一种由长期的学习和不断的探索所形成的理论素养和理论修养。随着科学技术的发展，知识更新周期日益缩短，知识获取途径日趋多样化，对学习者而言，掌握某一学科知识往往需要通过多种渠道来完成，这就要求学习者具有较强的自学能力。无论是哪种知识的习得，都必须充分发挥学生的主体性。因此，新一代教材的开发和出版应当以学生为中心，贯彻以学生为中心的教育理念，注重学生的需求和发展。在实践中，学生已经从被动接受知识的角色中解放出来，成为知识建构的主体。为了打破被动的教学模式，新一代教材在综合吸收各种教学理论的基础上，注重知识设置，为学生提供自主探索知识的机会，使其能够积极主动地运用各种学习方法获取各类知识。

实际上，英语学习的目标已经超越了简单的应对普通考试的要求，而是需要在课堂和教材中输入特定的语言知识。英语作为一种媒介，备受学生青睐，因为它能够帮助他们获取本学科的前沿知识，从而推动他们的进一步发展。在此需求的引导下，教材内容的选取应当基于对通用英语知识的全面涵盖，同时也应当包括各个学科所独有的词汇、句法和篇章知识。只有掌握了独特的专业英语知识，学生才能在频繁进行对外专业交流的基础上提升自身的学术素养，进而阅读大量的外文文献。

高等教育中的英语选修课程，旨在为学生提供文化知识的机会，同时培养学生的人文素养。因此，在新课程标准下编写的《大学英语四、六级考试大纲》应该突出人文主义精神，注重对学生综合能力的考查，以促进学生全面发展为目标。在新教材的开发出版过程中，应当精心挑选与英语国家和地区文化息息相关的各个方面内容，以便让学生在参与教学活动的同时，潜移默化地受到人文理念的熏陶，从而培养出具有人文精神的人才。

（二）以通识教育为实现途径

在进行任何专业性学习之前，通识教育（General Education）鼓励学生全面、综合地掌握其他学科的基础知识。因此，在大学英语教学中出现功利主义倾向的背景下，通识教育被提出作为一种全新的教育理念，旨在培养学生全面发展的能力。英语通识类课程涵盖了传统英语学习技能、跨文化交际内容以及跨学科的基础知识，是一门综合性的英语课程。

英语通识类教材应当突破原有的文理限制，推崇文理融合，借助英语这一媒介，协助学生掌握其他学科的基础知识，拓展学生的知识面，提升人文素养，致力于培养具备综合文化素养的多才多艺的人才。在大学英语的教学过程中，通识教材不仅仅是简单的知识输入，还是在学生专业知识和语言习得规律的引导下，有序地将多学科专业交叉、渗透的知识融合，通过相互转化、整合，形成全新的知识构成。

将各学科知识有机地融入英语选修课教材中，有助于学生深入理解本专业，更好地将所学知识应用于职业需求。例如，在英语选修课中，国贸类学生选择了一门跨文化课程，借助重庆大学出版社所出版的《西方礼仪文化》一书，在八个章节的学习内容中深入了解了西方日常礼仪和公共场合社交礼仪。例如，商务礼仪、婚礼礼仪等。了解西方国家的风土人情后，与国外友人交往可避免出现礼节性错误，彰显中国公民高尚的礼仪修养和精神面貌。因此，在遵循通识教育理念的指引下，英语选修教材的开发者与编辑者应当超越英语本学科知识和思维的束缚，以符合语言特性为前提，探索与其他学科相关的结合点和链接点，以满足学生对英语学习的需求，培养学生的综合素养，从而实现个性化的全面发展。

第三节　进阶性英语教师评价

一、多元化的教学质量评价体系

（一）存在的问题分析

1. 教学督导的评价

对于本学科的课程设置和课程内容，教学督导或许缺乏相关学术领袖的身份。因此，可能存在不熟悉的情况。鉴于英语课堂的独特性质，常常需要采用大量的英语口语教学，然而，由于教学督导的英语口语能力水平可能存在差异，所以对于教师的课堂教学内容，可能存在着难以完全理解的情况。因此，对于这位教师的教学能力评估，可能存在着缺乏客观性和全面性的问题。

2. 同行教师的评价

因为同行教师平时需要应对大量课程，所以他们无法随时随地参加听课并进行评估。大学英语教师的教学能力在日常教学中得到了充分的体现，贯穿于每一堂课的教学过程中，所以只有学生全程参与，才能对教师的教学活动有明确的认识。由于学生与教师之间建立了良好的学习和教学关系，所以学生对教师的教学能力和方法有一个相对清晰和全面的认识。学生的参与和受益是评价教师教学能力的重要因素，因为他们是直接体验并感受到教师的教学效果的。

3. 学生的评价

学生评教已成为国内外高校广泛采用的一种教学质量评估手段。在应用型本科院校的大学英语课堂中运用该方法，是顺应时代发展趋势的必然选择。高校教师的能力可以直接从学生评教结果中获得反馈，从而提升其教学水平。学生在课程中扮演着多重角色，既是知识的直接接收者，也是教师教学效果的评价者。学生直接参与到教学评价中，为教师提供了最直接的教学效果反馈，通过学生评价，教师可以了解学生对教学效果的满意度以及学生的学习期望，从而有助于教师改进教学内容，提高自身的教学能力。对于应用型本科院校的大学英语课堂而言，学生评教是一种有效的反映英语教师课堂教学能力的方式，因为教师需要更深入地了解英语就业的需求和实用性的英语能力需求。对于大学英语教师而言，必须深入了解市场的真实需求，以便在教学过程中作出更明智的决策。在教学过程中，学生不仅能够亲身体验教师的教学策略和方法，还能够直观地反馈学生对该堂课的接受程度，从而获得全方位的学习体验。然而，对于应用型本科院校而言，评价大学英语教师教学能力的方式不应仅限于学生评教，还应采用其他评价体系，如优秀同行教师的指导评价和公开课等形式。

（二）多元化的评价对象与主体

1. 多元化的评价对象

评价高校英语教师教学质量的体系主要评估教师的教学成效，被评教师在本年度内自然承担高校英语课程的教学任务，并通过教师同行、专家督导以及学生的客观评价，对其教学质量进行评估。

2. 多元化的评价主体

高校英语教师教学质量的评价主体涵盖了教师同行、专家督导以及学生，这些主体的多元化构成了评价体系的重要组成部分。不同的评价主体各有其独特之处：尽管教师同行对被评教师的教学内容和教学重难点有所了解，但由于彼此之间存在着相互依存的关系，评教过程中很容易受到非教学质量因素的干扰；虽然评价一般公正，但在评教过程中，专家督导容易受到被评教师的职称和学术地位的影响，从而产生较大的影响；学生在参与教学活动时，虽然可以全面了解教师的授课效果，但由于个人知识结构等因素的限制，他们难以深刻把握教学目标，同时也容易将个人对教师的主观印象融入其中，从而导致评价的偏差。这三个评价主体看似各自独立，但却相互交织，共同构成了高校英语教师教学质量评价的核心组成部分。

（三）多元化的评价指标

对于高校英语教师的教学质量评估，我们可以将多个具体的评价指标整合为三个主要的评价模块，分别是教师素养评估模块、课堂教学评估模块以及学生学习效果评估模块。

教师素养评价模块包括三个二级评价指标：第一，教师的学科素养。英语教师在当代高校的教学实践中，必须深刻领会本学科所涉及的理论知识，并将其扎实地应用于教学实践中。第二，教师的学术研究素养。教师应当同时注重教学和科研，以研究为引领，以教学为验证，积极将科研成果应用于英语教学实践中，从而提高教学质量。第三，提升和培训教师的个人素养和技能，以增强其教学能力。

教师应当在坚守本职教学工作的同时，注重个人能力的提升，包括积极参与本学科专业及教学能力方面的培训，积极参加教学竞赛、进行访学等活动，以不断提高自身的教学水平。根据 BOPPPS 教学模式，教师的授课过程可被归纳为三个主要环节，即课堂准备、授课流程以及课后反思总结。

对于课堂准备评价而言，其重点在于对教师备课环节和教姿、教态进行全面的评估，包括以下八个二级评价指标：本堂课拟达成的知识目标是否得当、本课堂的能力目标是否明确、本堂课的情感目标是否得到体现、是否充分挖掘了本堂课拟采用的教学手段、是否对课堂教学内容进行了筛选、是否设计了互动性教学活动、是否设计了任务型教学活动以及是否准备充分的教学内容。对于教师的教姿评价，需要考察其着装是否端庄得体，以及精神状态是否充盈充沛。

授课流程评价具体包括八个二级评价指标：第一，教学过程是否完全涵盖了 BOPPPS 教学模式的六大主要部分。第二，在教学过程中，各个部分之间是否存在紧密的联系，并且过渡是否自然，这是一个值得探讨的问题。第三，在进行授课之前，是否采用了一种有效的引导方式。第四，是否确保学生对本节课程的学习目标和重点难点有充分的了解。第五，寻觅学生的“近期发展区”，并为其提供必要的支持与援助。第六，在设计教学活动时，是否采用了多元化的教学策略，以提高教学效果。第七，是否为学生提供具有互动性的课堂环境，以促进他们在学习过程中的积极参与和互动。第八，是否对学生的学习表现进行差异化的评估，并提出相应的建议。

在教学过程中，形成性评价强调对学生的学习情况进行全面评估，包括记录和观察学生的个人学习档案，以评估他们在课堂、第二课堂、自主学习和合作方面的参与度。学生在学习过程中的进步情况受到形成性评价的关注，该评价方法旨在挖掘学生的潜能，并根据学生的个性制定相应的评价标准。这两种评估方式相辅相成，能够全面反映学生的学习成效。

二、提升高校英语教师评价能力的思路

加强发展性评价的目标意识，改进高校英语教师职业从业标准。应该加强英语教师的职业标准，并提高职业教师教育的评价能力，以提升英语教师的综合素质。同时，建立一套科学、合理、规范的英语教师从业标准，以加强英语教师的职业发展。英语教师的资格审定不仅需要评估其心理学、教育学和专业知识水平，还应该将教育评估理论的学习和评价实践能力作为重要考核内容。

对于专业结构而言，重新审视高校英语教师的教学评价能力具有至关重要的地位。作为一位致力于培养应用型人才的高校英语教师，必须具备教学和评价的双重能力，任何一个方面的缺失都将导致教师专业能力的不足。为了提升教师的发展性评价能力，学校管理部门应当积极营造有利条件，为其提供专业支持和协助。为了提高对发展性评价的认知度，我们可以邀请专家进行指导和培训，或者将其作为专业发展的专题项目进行讨论，从而将其应用于人才培养的过程中。在考虑应用型高校人才培养目标时，必须以教育科学发展观为指导，规范和评估教师在处理评价能力与专业能力、评价与教学以及教师评价能力与学生学业成就评价之间的关系时的适应性。

作为教师，必须认识到教育评价的理论和方法是随着时代和社会的变化而不断演变的。教师的评价观念已经从重视知识评估转变为以学生为中心的评价观念。在教育评价的发展历程中，从仅仅依靠数字化的定量评价方式，逐渐转向了更加全面综合的动态评价方式，这是不可避免的趋势。因此，了解教育评价发展的科学规律，能够帮助教师深刻理解现代发展性教育评价的本质，有助于有目的地推进教学改革，同时也能够对学生的学业成就作出准确的科学评价。

掌握如何评估发展性教育的原则、方法和技巧，是非常重要的。应用型高

校英语教师应当不断努力掌握多元、多维的教育评价方法和技术，以此促进学生全面发展，坚守评价促进学生发展的原则。通过多种评价方式，促进学生发展，激励他们保持乐观向上的态度，培养自主自立的能力，努力成才，这是提高应用型高校英语教师评价能力的核心所在。为了达到有效评价学生语言应用能力的目的，应用型高校英语教师必须不仅掌握设计试卷的技巧，还需具备熟练制作适合各种语言应用活动的评价量表，灵活运用各种评价统计工具以及制作学习档案袋等多项技能。此外，他们还需要能够根据教学目标设计评价方案，并准确收集评价信息，以保证评价结果的准确性和有效性。

根据所授课程的实际情况，制定科学、多样化的评估标准和多元化的评估方法。例如，开展学校和社会各界共同参与的教育质量评估活动。采用结合形成性评价和终结性评价、定性评价和定量评价、精确评价和模糊评价等多种评价方式，并完善学生成长记录档案，以促进教学与学习的共同进步。

参考文献

[1] 孙志永 . 新时代大学英语教学改革与英语教师专业发展 [M]. 郑州：河南大学出版社有限责任公司，2022.

[2] 卢敏 . 中国英语教师教育研究 [M]. 武汉：武汉大学出版社，2019.

[3] 贾芝，林琳，徐颖 . 高校英语教师专业发展有效路径探究 [M]. 青岛：中国海洋大学出版社，2020.

[4] 付琳芳，郭晓燕 . 当前英语教师专业发展的现状与对策研究 [M]. 长春：东北师范大学出版社，2018.

[5] 严菊环 . 高校英语教师专业发展研究 [M]. 沈阳：辽宁大学出版社有限责任公司，2021.

[6] 侯丽梅 . 自主学习能力培养下的大学英语教学改革 . 北京：中国书籍出版社，2022.

[7] 朱飞 . 大学英语教学中的翻转课堂 [M]. 长春：吉林大学出版社，2020.

[8] 罗桂温，白玉洁 . 高校英语教师专业发展与教学研究 [M]. 延吉：延边大学出版社，2021.

[9] 罗瑞 . 现代英语教学理论与发展的多维研究 [M]. 北京：科学技术文献出版社，2021.

[10] 周晓航 . 大数据时代外语教师发展研究 [M]. 北京：现代出版社，2019.

[11] 黎琰 . 大数据时代高校英语教学改革策略探讨 [J]. 现代英语，2022（20）：13–16.

[12] 李雨耕 . 慕课资源下大学英语教学改革探究 [J]. 英语广场，2022（28）：89–92.

[13] 宁亦珍 . 高校英语教学改革的目标与方向分析 [J]. 江西电力职业技术学院学报，2022，35（7）：30–32.

[14] 张志敏 . 翻转课堂模式背景下大学英语教学改革路径研究 [J]. 福建轻纺，2022（7）：60–61，64.

[15] 姚倩，许芳杰 . 高校英语教师教育者循证教学：内涵、特征与实现路径 [J]. 外语界，2022（5）：56–62.

[16] 江进林 . 高校英语教师的同伴互评实践研究 [J]. 外语教育研究前沿，2022，5（3）：50–57，91.

[17] 堵楠楠 ."互联网 +"背景下地方高校英语教师信息化教学分析 [J]. 校园英语，2022（21）：25–27.

[18] 贺宏 . 协同学习共同体视域下高校英语教师自主发展研究 [J]. 黑龙江教师发展学院学报，2022，41（5）：21–23.

[19] 杨维嘉，李茨婷 . 高校英语教师的教学学术实践与发展研究 [J]. 外语教学理论与实践，2022（1）：92–101.

[20] 丁晓岚 . 新时代高校英语教师角色定位与专业发展 [J]. 才智，2021（20）：126–129.

[21] 乔仲美 . 大学英语教师课堂评价素养的实证研究 [D]. 无锡：江南大学，2022.

[22] 李卉萌 . 提升大学英语教师课堂反馈技能的混合式课程设计研究 [D]. 上海：上海外国语大学，2022.

[23] 郭强 . 大学英语写作教学中的教师评估素养：从感知到实践 [D]. 长沙：湖南大学，2021.

[24] 齐晨宇 . 混合式学习环境中大学英语教师角色研究 [D]. 大连：大连海事大学，2020.

[25] 王冠男 . 理解高校英语教师合作 [D]. 北京：北京外国语大学，2020.

[26] 贠奇志 . 基于信息技术的高校英语教师专业发展比较研究 [D]. 长沙：湖南大学，2019.

[27] 宁新颖 . “互联网 +” 时代高校英语教师的专业身份认同研究 [D]. 南京：东南大学，2017.

[28] 郭徐红 . 高校英语教师工作压力与职业倦怠的关系研究 [D]. 武汉：湖北大学，2017.

[29] 陈秋丽 . 中国高校英语教师对任务型教学的理解和实施探究 [D]. 广州：广东外语外贸大学，2015.

[30] 刘丽亚 . 高校英语教师专业发展研究 [D]. 天津：天津科技大学，2015.